1932 | 1959

MANiFESTOS DOS EDUCADORES

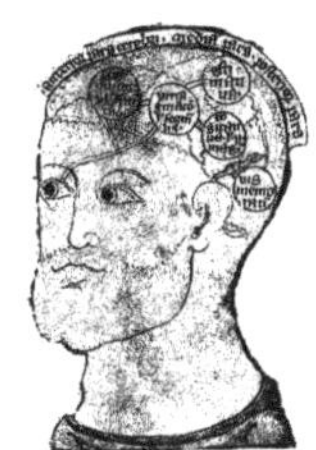

CADERNOS ULTRAMARES

ORGANIZAÇÃO E PROJETO GRÁFICO

Marcos Lacerda, Ana Paula Simonaci e Sergio Cohn

CONSELHO EDITORIAL

André Botelho

Bernardo Esteves

Boaventura de Souza Santos

Evelyn Goyannes Dill Orrico

Fréderic Vanderberghe

José Luis Garcia

Maria João Cantinho

Renato Rezende

Teresa Arijón

Vagner Amaro

ISBN 9786586962864

azougue press |
coordenação geral Sergio Cohn
coordenação editorial
Sergio Cohn — Darien Lamen — Cristián Jiménez Plaza
Brasil | CNPJ 12.272.339/0001-26
Portugal | Oca Editorial NF 515805394
USA | E. Id. 803650511
Chile | Tucán Ediciones RUT 77.369.106-1

A proposta dos Cadernos Ultramares é transpor fronteiras. Não apenas geográficas, com a edição de um amplo panorama do pensamento brasileiro para o público português, mas também entre as áreas do saber, criando uma coleção transdisciplinar, acessível não apenas para leitores especializado, pesquisadores e acadêmicos, como para interessados em geral.

Para isto, os Cadernos Ultramares privilegiam a leveza do ensaio, a "brigada ligeira", utilizando-se de um gênero marcado pela abertura e experimentação, uma forma privilegiada para a proposição e a apresentação de interpretações da cultura e da sociedade. Nos últimos anos, o gênero ensaio tem sido revalorizado como um importante meio de diálogo entre a pesquisa acadêmica e a sociedade.

O Brasil possui uma produção riquíssima de pensamento em diversas áreas, que vão da física à antropologia, da matemática às artes. Os Cadernos Ultramares, ao trazerem importantes textos de alguns dos nossos mais renomados pensadores, sejam clássicos ou contemporâneos, busca possibilitar ao leitor um olhar amplo e qualificado sobre essa produção.

Interessa-nos a constituição de um diálogo entre áreas, de uma conversa aberta que escape das armadilhas do pensamento especializado e do produtivismo acadêmico. Interessa, antes de tudo, a valorização do encontro do leitor com o sabor do texto, do prazer da leitura e da troca livre de pensamento.

apresentação

POR SERGIO COHN

Em 19 de março de 1932, diversos órgãos da grande imprensa, como os jornais *O Estado de S. Paulo* e o carioca *Diário de Notícias*, publicaram o "Manifesto dos Pioneiros da Educação Nova". Coordenado por Fernando Azevedo, o documento trazia assinatura de 26 educadores, jornalistas, escritores e intelectuais, entre eles Afrânio Peixoto, Anísio Teixeira, Roquette--Pinto e Cecília Meireles.

A lista de signatários é bastante representativa. Tendo em sua maioria professores, traz uma pluralidade de posições políticas e ideológicas que demonstra que havia, para além das divergências internas, um interesse comum: se posicionar na disputa política em torno do recém-surgido Ministério da Educação e Saúde. Criado por Getúlio Vargas, que havia subido ao poder em 1930, o órgão solicitou no ano seguinte uma nova proposta de modelo de educação nacional.

Em torno da demanda presidencial, surgiram dois grupos opostos: de um lado, os educadores católicos, que se aproximaram do Estado Novo e conseguiram diversos cargos no Ministério, e de outro um conjunto diverso de intelectuais, que se nomearam como pioneiros e disputaram por fora a criação de políticas educacionais. O embate entre as partes foi forte e duradouro, mas o manifesto conseguiu introduzir na Constituição de 1934 algumas de suas propostas.

Os intelectuais que assinaram o manifesto eram nomes fortes da educação e da mídia da época. Estão lá os "cardeais da educação", como o próprio Fernando de Azevedo, que era na época professor do Curso de Aperfeiçoamento do Instituto Pedagógico e também jornalista importante, atuando como redator do jornal *O Estado de S. Paulo* (a proximidade dele com o jornal fez com que o seu proprietário, Julio de Mesquita Filho, também assinasse o documento).

Outro importante signatário, Anísio Teixeira então dirigia a Instrução Pública da Capital da República. Anísio ficaria conhecido como um dos maiores educadores do país. Assinou também o manifesto o diretor do Instituto de Educação M. B. Lourenço Filho. Além deles, constava na lista nomes importantes da mídia, como Roquette-Pinto, que dirigia a Rádio Municipal do Distrito Federal, e Mario Cassasanta, diretor da Imprensa Oficial de Minas Gerais.

Com o subtítulo do "A reconstrução educacional no Brasil: ao povo e ao governo", o manifesto reinvidicava a renovação de um projeto educacional para o Brasil. Para tanto, defendia a função do Estado como responsável pela difusão da educação pelo território brasileiro e uma organização científica da escola, marcada pela laicidade, obrigatoriedade e gratuidade.

A escola integral e única, proposta pelo manifesto, era colocada em oposição ao modelo existente, denominado pelo documento como "tradicional". Realizado ainda num período de estabelecimento da modernidade no Brasil, mesmo que sob um estado autoritário, o manifesto incorporava o espírito fundador, ao criar a figura coletiva de "pioneiros da educação nova" e a intenção de se estabelecer como um ato inaugural de pensamento educacional no país. Para isso, há a descaracterização das iniciativas anteriores de educação no Brasil e a busca pela instituição de um novo paradigma educacional.

Em 1959, o mesmo Fernado de Azevedo elaborou um segundo manifesto, com o título de "De novo convocados". O texto é uma sequência e atualização do Manifesto de 1932, criado em contexto diverso: quase 30 anos depois, é um outro Brasil, em rápido processo de desenvolvimento e com novos autores nas diversas áreas da cultura e sociedade. No caso específico da educação, é importante ressaltar o surgimento de um forte movimento estudantil em torno da União Nacional dos Estudantes.

O segundo manifesto foi publicado novamente no jornal *O Estado de S. Paulo*, e também do *Diário do Congresso Nacional*, no dia 1º de julho de 1959. O texto foi escrito no debate em torno da Lei de Diretrizes e Bases da Educação Nacional, que estava tramitando no Congresso Nacional.

O documento reitera os principais pontos do Manifesto de 1932, como a educação democrática e progressista, a liberdade de pensamento e a igualdade de oportunidades para todos. E conclui dizendo que esses marcos ainda não haviam sido conquistados naquelas quase três décadas de diferença, e que, frente ao projeto desenvolvimentista do então presidente Juscelino Kubitschek, era urgente estabelecer a renovação educacional.

Um ponto importante que o segundo manifesto retoma do anterior é a defesa do teor federativo da educação, posicionando-se contra o centralismo no poder federal e afirmando que unidade não significa uniformidade. Num momento de forte crescimento das iniciativas privadas na edução, com o surgimento de diversas escolas, o manifesto de 1959 não prega o monopólio do Estado na educação, mas uma liberdade disciplinada pelo diálogo entre Estado e sociedade.

O Manifesto de 1959 causou um grande impacto no debate em torno da edução brasileira, num momento estratégico. Infelizmente, o golpe militar de 1964 interromperia as propostas de renovação da educação. Em 25 anos de ditadura, a educação pública brasileira sofreu uma quase total destruição. Mesmo após a redemocratização, o país não se mostrou capaz de gerar um debate e uma ação que renovação educacional com alcance federativo. Mesmo propostas de alta qualidade, como os CIEPS de Darcy Ribeiro, sofreram muita resistência e não conseguiram se estabelecer com continuidade. E, atualmente, o país está vivendo mais uma onda de destruição da nossa educação. Neste contexto, retomar a história desses manifestos históricos é importante, não só pelos seus conteúdos, mas também por lembrar que setores da sociedade podem se unir, não apenas na defesa, mas também na proposição de políticas de longo prazo que permitam a constituição de uma educação laica, democrática e de qualidade para todos os setores da sociedade brasileira.

Manifesto dos Pioneiros da Educação Nova

A RECONSTRUÇÃO DA EDUCAÇÃO NO BRASIL
AO POVO E AO GOVERNO

Na hierarquia dos problemas nacionais, nenhum sobreleva em importância e gravidade o da educação. Nem mesmo os de caráter econômico lhe podem disputar a primazia nos planos de reconstrução nacional. Pois, se a evolução orgânica do sistema cultural de um país depende de suas condições econômicas, é impossível desenvolver as forças econômicas ou de produção sem o preparo intensivo das forças culturais e o desenvolvimento das aptidões à invenção e à iniciativa que são os fatores fundamentais do acréscimo de riqueza de uma sociedade. No entanto, se depois de 43 anos de regime republicano se der um balanço ao estado atual da educação pública, no Brasil, se verificará que, dissociadas sempre as reformas econômicas e educacionais, que era indispensável entrelaçar e encadear, dirigindo-as no mesmo sentido, todos os nossos esforços, sem unidade de plano e sem espírito de continuidade, não lograram ainda criar um sistema de organização escolar à altura das necessidades modernas e das necessidades do país. Tudo fragmentado e desarticulado. A situação atual, criada pela sucessão periódica de reformas parciais e frequentemente arbitrárias, lançadas sem solidez econômica e sem uma visão global do problema, em todos seus aspectos, nos deixa antes a impressão desoladora de construções isoladas, algumas já em ruína, outras abandonadas em seus alicerces, e as melhores ainda não em termos de serem despojadas de seus andaimes...

Onde se tem de procurar a causa principal desse estado antes de inorganização do que de desorganização do aparelho escolar é na falta, em quase todos os planos e iniciativas, da determinação dos fins de educação (aspecto filosófico e social) e da aplicação (aspecto técnico) dos métodos científicos aos problemas de educação. Ou, em poucas palavras, na falta de espírito filosófico e científico na resolução dos problemas da administração escolar. Esse empirismo grosseiro, que tem presidido ao estudo dos problemas pedagógicos, postos e discutidos numa atmosfera de horizontes estreitos, tem suas origens na ausência total de uma cultura universitária e na formação meramente literária de nossa cultura. Nunca chegamos a possuir uma "cultura própria", nem mesmo uma "cultura geral" que nos convencesse da "existência de um problema sobre objetivos e fins da educação". Não se podia encontrar, por isso, unidade e continuidade de pensamento em planos de reformas, nos quais as instituições escolares, esparsas, não traziam, para atraí--las e orientá-las para uma direção, o pólo magnético de uma concepção da vida, nem se submetiam, na sua organização e no seu funcionamento, a medidas objetivas com que o tratamento científico dos problemas da administração escolar nos ajuda a descobrir, à luz dos fins estabelecidos, os processos mais eficazes para a realização da obra educacional.

Certo, um educador pode bem ser um filósofo e deve ter sua filosofia de educação; mas, trabalhando cientificamente nesse terreno, ele deve estar tão interessado na determinação dos fins de educação quanto também dos meios de realizá-los. O físico e o químico não terão necessidade de saber o que está e se passa além da janela de seu laboratório. Mas o educador, como o sociólogo, tem necessidade de uma cultura múltipla e bem diversa; as alturas e as profundidades da vida humana e da vida social não devem estender--se além de seu raio visual; ele deve ter o conhecimento dos homens e da sociedade em cada uma de suas fases, para perceber, além do aparente e do efêmero, "o jogo poderoso das grandes leis que dominam a evolução social", e a posição que tem a escola, e a função que representa, na diversidade e pluralidade das forças sociais que cooperam na obra da civilização. Se têm essa cultura geral, que lhe permite organizar uma doutrina de vida e ampliar seu horizonte mental, poderá ver o problema educacional em conjunto, de um ponto de vista mais largo, para subordinar o problema pedagógico ou dos métodos ao problema filosófico ou dos fins da educação; se tiver um espírito científico, empregará os métodos comuns a todo gênero de investigação científica, podendo recorrer a técnicas mais ou menos elaboradas e dominar a situação, realizando experiências e medindo os resultados de toda e qualquer modificação nos processos e nas técnicas, que se desenvolveram sob o impulso dos trabalhos científicos na administração dos serviços escolares.

MOVIMENTO DE RENOVAÇÃO EDUCACIONAL

À luz dessas verdades e sob a inspiração de novos ideais de educação foi que se gerou, no Brasil, o movimento de reconstrução educacional, com que, reagindo contra o empirismo dominante, pretendeu um grupo de educadores, nesses últimos doze anos, transferir do terreno administrativo para os planos político-sociais a solução dos problemas escolares.

Não foram ataques injustos que abalaram o prestígio das instituições antigas; foram essas instituições, criações artificiais ou deformadas pelo egoísmo e pela rotina, a que serviram de abrigo, que tornaram inevitáveis os ataques contra elas. De fato, por que os nossos métodos de educação haviam de continuar a ser tão prodigiosamente rotineiros, enquanto no México, no Uruguai, na Argentina e no Chile, para só falar na América espanhola, já se operavam transformações profundas no aparelho educacional, reorganizado em novas bases e em ordem a finalidades lucidamente descortinadas? Por que os nossos programas se haviam ainda de fixar nos quadros de segregação social, em que os encerrou a República, há 43 anos, enquanto nossos meios de locomoção e os processos de indústria centuplicaram de eficácia, em pouco mais de um quartel de século? Por que a escola havia de permanecer, entre nós, isolada do ambiente, como uma instituição incrustada no meio social, sem meios de influir sobre ele, quando, por toda a parte, rompendo a barreira das tradições, a ação, educativa já desbordava a escola, articulando-se com as outras instituições sociais, para estender seu raio de influência e de ação?

Embora a princípio sem diretrizes definidas, esse movimento francamente renovador inaugurou uma série fecunda de combates de ideias, agitando o ambiente para as primeiras reformas impelidas para uma nova direção. Multiplicaram-se as associações e iniciativas escolares, em que esses debates testemunhavam a curiosidade dos espíritos, pondo em circulação novas ideias e transmitindo aspirações novas com um caloroso entusiasmo. Já se despertava a consciência de que, para dominar a obra educacional, em toda sua extensão, é preciso possuir, em alto grau, o hábito de se prender, sobre bases sólidas e largas, a um conjunto de ideias abstratas e de princípios gerais, com que possamos armar um ângulo de observação para vermos mais claro e mais longe e desvendarmos, através da complexidade tremenda dos problemas sociais, horizontes mais vastos. Os trabalhos científicos no ramo da educação já nos faziam sentir, em toda sua força reconstrutora, o axioma de que se pode ser tão científico no estudo e na resolução dos problemas educativos, como nos da engenharia e das finanças. Não tardaram a surgir, no Distrito Federal e em três ou quatro Estados, as reformas e, com elas, as realizações, com espírito científico e inspiradas por um ideal que, modelado à imagem da vida, já lhe refletia a complexidade. Contra ou a favor, todo o mundo se agitou. Esse movimento é hoje uma ideia em marcha, apoiando-se sobre duas forças que se completam: a força das ideias e a irradiação dos fatos.

DIRETRIZES QUE SE ESCLARECEM

Mas, com essa campanha, de que tivemos a iniciativa e assumimos a responsabilidade, e com a qual se incutira, por todas as formas, no magistério, o espírito novo, o gosto da crítica e do debate e a consciência da necessidade de um aperfeiçoamento constante, ainda não se podia considerar inteiramente aberto o caminho às grandes reformas educacionais. É certo que, com a efervescência intelectual que produziu no professorado, se abriu, de uma vez, a escola a esses ares, a cujo oxigênio se forma a nova geração de educadores e se vivificou o espírito nesse fecundo movimento renovador no campo da educação pública, nos últimos anos. A maioria dos espíritos, tanto da velha como da nova geração, ainda se arrasta, porém, sem convicções, através de um labirinto de ideias vagas, fora de seu alcance, e certamente, acima de sua experiência; e, porque manejam palavras, com que já se familiarizaram, imaginam muitos que possuem as ideias claras, o que lhes tira o desejo de adquiri-las... Era preciso, pois, imprimir uma direção cada vez mais firme a esse movimento já agora nacional, que arrastou consigo os educadores de mais destaque, e levá-lo a seu ponto culminante com uma noção clara e definida de suas aspirações e suas responsabilidades. Aos que tomaram posição na vanguarda da campanha de renovação educacional, cabia o dever de formular, em documento público, as bases e diretrizes do movimento que souberam provocar, definindo, perante o público e o governo, a posição que conquistaram e vêm mantendo desde o início das hostilidades contra a escola tradicional.

REFORMAS E A REFORMA

Se não há país "onde a opinião se divide em maior número de cores, e se não se encontra teoria que entre nós não tenha adeptos", segundo já observou Alberto Torres, princípios e ideias não passam, entre nós, de "bandeira de discussão, ornatos de polêmica ou simples meio de êxito pessoal ou político". Ilustrados, às vezes, e eruditos, mas raramente cultos, não assimilamos suficientemente as ideias para se tornarem um núcleo de convicções ou um sistema de doutrina, capaz de nos impelir à ação em que costumam desencadear-se aqueles "que pensaram sua vida e viveram seus pensamentos". A interpenetração profunda que já se estabeleceu, em esforços constantes, entre as nossas ideias e convicções e a nossa vida de educadores, em qualquer setor ou linha de ataque em que tivemos de desenvolver a nossa atividade, já denuncia, porém, a fidelidade e o vigor com que caminhamos para a obra de reconstrução educacional, sem estadear a segurança de um triunfo fácil, mas com a serena confiança na vitória definitiva de nossos ideais de educação. Em lugar dessas reformas parciais, que se sucederam, na sua quase totalidade, na estreiteza crônica de tentativas empíricas, o nosso programa concretiza uma nova política educacional, que nos preparará, por etapas, a grande reforma, em que palpitará, com o ritmo acelerado dos organismos novos, o músculo central da estrutura política e social da nação.

Em cada uma das reformas anteriores, em que impressiona vivamente a falta de uma visão global do problema educativo, a força inspiradora ou a energia estimulante mudou apenas de forma, dando soluções diferentes aos problemas particulares. Nenhuma antes desse movimento renovador penetrou o âmago da questão, alterando os caracteres gerais e os traços salientes das reformas que o precederam. Nós assistíamos à aurora de uma verdadeira renovação educacional, quando a revolução estalou. Já tínhamos chegado então, na campanha escolar, ao ponto decisivo e climatérico, ou, se o quiserdes, à linha de divisão das águas. Mas, a educação que, no final de contas, se resume logicamente numa reforma social, não pode, ao menos em grande proporção, realizar-se senão pela ação extensa e intensiva da escola sobre o indivíduo e deste sobre si mesmo nem produzir-se, do ponto de vista das influências exteriores, senão por uma evolução contínua, favorecida e estimulada por todas as forças organizadas de cultura e de educação. As surpresas e os golpes de teatro são impotentes para modificarem o estado psicológico e moral de um povo. É preciso, porém, atacar essa obra, por um plano integral, para que ela não se arrisque um dia a ficar no estado fragmentário, semelhante a essas muralhas pelágicas, inacabadas, cujos blocos enormes, esparsos ao longe sobre o solo, testemunham gigantes que os levantaram, e que a morte surpreendeu antes do coroamento de seus esforços...

FINALIDADES DA EDUCAÇÃO

Toda a educação varia sempre em função de uma "concepção da vida", refletindo, em cada época, a filosofia predominante que é determinada, a seu turno, pela estrutura da sociedade. É evidente que as diferentes camadas e grupos (classes) de uma sociedade dada terão respectivamente opiniões diferentes sobre a "concepção do mundo", que convém fazer adotar ao educando e sobre o que é necessário considerar como "qualidade socialmente útil". O fim da educação não é, como bem observou G. Davy, "desenvolver de maneira anárquica as tendências dominantes do educando; se o mestre intervém para transformar, isso implica nele a representação de um certo ideal à imagem do qual se esforça por modelar os jovens espíritos". Esse ideal e aspiração dos adultos tornam-se mesmo mais fácil de aprender exatamente quando assistimos a sua transmissão pela obra educacional, isto é, pelo trabalho a que a sociedade se entrega para educar seus filhos. A questão primordial das finalidades da educação gira, pois, em torno de uma concepção da vida, de um ideal, a que devem conformar-se os educandos, e que uns consideram abstrato e absoluto, e outros, concreto e relativo, variável no tempo e no espaço. Mas, o exame, num longo olhar para o passado, da evolução da educação através das diferentes civilizações, nos ensina que o "conteúdo real desse ideal" variou sempre de acordo com a estrutura e as tendências sociais da época, extraindo sua vitalidade, assim como sua força inspiradora, da própria natureza da realidade social.

Ora, se a educação está intimamente vinculada à filosofia da cada época, que lhe define o caráter, rasgando sempre novas perspectivas ao pensamento pedagógico, a educação nova não pode deixar de ser uma reação categórica, intencional e sistemática contra a velha estrutura do serviço educacional, artificial e verbalista, mon-tada para uma concepção vencida. Desprendendo-se dos interesses de classes, a que ela tem servido, a educação perde o "sentido aristológico", para usar a expressão de Ernesto Nelson, deixa de constituir um privilégio determinado pela condição econômica e social do indivíduo, para assumir um "caráter biológico", com que ela se organiza para a coletividade em geral, reconhecendo a todo o indivíduo o direito a ser educado até onde o permitiam suas apti-dões naturais, independente de razões de ordem econômica e social. A educação nova, alargando sua finalidade para além dos limites das classes, assume, com uma feição mais humana, sua verdadeira função social, preparando-se para formar "a hierarquia democrática" pela "hierarquia das capacidades", recrutadas em todos os grupos sociais, a que se abrem as mesmas oportunidades de educação. Ela tem, por objeto, organizar e desenvolver os meios de ação durável, com o fim de "dirigir o desenvolvimento natural e integral do ser humano em cada uma das etapas de seu crescimento", de acordo com uma certa concepção do mundo.

A diversidade de conceitos da vida provém, em parte, das diferenças de classes e, em parte, da variedade de conteúdo na noção de "qualidade socialmente útil", conforme o ângulo visual de cada uma das classes ou grupos sociais. A educação nova que, certamente pragmática, se propõe ao fim de servir não aos inte-resses de classes, mas aos interesses do indivíduo, e que se funda sobre o princípio da vinculação da escola com o meio social, tem seu ideal condicionado pela vida social atual, mas profundamente humano, de solidariedade, de serviço social e cooperação. A escola tradicional, instalada para uma concepção burguesa, vinha mantendo o indivíduo na sua autonomia isolada e estéril, resultante da doutrina do individualismo libertário, que teve, aliás, seu papel na formação das democracias e sem cujo assalto não se teriam quebrado os quadros rígidos da vida social. A escola socializada, reconstituída sobre a base da atividade e da produção, em que se considera o trabalho como a melhor maneira de estudar a realidade em geral (aquisição ativa da cultura) e a melhor maneira de estudar o trabalho em si mesmo, como fundamento da sociedade humana, se organizou para remontar a corrente e restabelecer, entre os homens, o espírito de disciplina, solidariedade e cooperação, por uma profunda obra social que ultrapassa largamente o quadro estreito dos interesses de classes.

VALORES MUTÁVEIS E VALORES PERMANENTES

Mas, por menos que pareça, nessa concepção educacional, cujo embrião já se disse ter-se gerado no seio das usinas e de que se impregnam a carne e o sangue de tudo que seja objeto da ação educativa, não se rompeu nem está a pique de romper-se o equilíbrio entre os valores mutáveis e os valores permanentes da vida humana. Onde, ao contrário, se assegurará melhor esse equilíbrio é no novo sistema de educação, que, longe de se propor a fins particulares de determinados grupos sociais, as tendências ou preocupações de classes, os subordina aos fins fundamentais e gerais que assinala a natureza nas suas funções biológicas. É certo que é preciso fazer homens, antes de fazer instrumentos de produção. Mas, o trabalho que foi sempre a maior escola de formação da personalidade moral, não é apenas o método que realiza o acréscimo da produção social, é o único método susceptível de fazer homens cultivados e úteis sob todos os aspectos. O trabalho, a solidariedade social e a cooperação, em que repousa a ampla utilidade das experiências; a consciência social que nos leva a compreender as necessidades do indivíduo através das da comunidade e o espírito de justiça de renúncia e de disciplina, não são, aliás, grandes "valores permanentes" que elevam a alma, enobrecem o coração e fortificam a vontade, dando expressão e valor a vida humana? Um vício das escolas espiritualistas, já o ponderou Jules Simon, é o "desdém pela multidão". Quer-se raciocinar entre si e refletir entre si. Evita experimentar a sorte de todas as aristocracias que se estiolam no isolamento. Se quiser servir à humanidade, é preciso estar em comunhão com ela...

Certo, a doutrina de educação, que se apóia no respeito da personalidade humana, considerada não mais como meio, mas como fim em si mesmo, não poderia ser acusada de tentar, com a escola do trabalho, fazer do homem uma máquina, um instrumento exclu-sivamente apropriado a ganhar o salário e a produzir um resultado material num tempo dado. "A alma tem uma potência de milhões de cavalos, que levanta mais peso do que o vapor. Se todas as verdades matemáticas se perdessem — escreveu Lamartine, defendendo a causa da educação integral —, o mundo industrial, o inundo material, sofreria sem dúvida um detrimento imenso e um dano irreparável; mas, se o homem perdesse uma só das suas verdades morais, seria o próprio homem, seria a humanidade inteira que pereceria". Mas, a escola socializada não se organizou como um meio essencialmente social senão para transferir do plano da abstração ao da vida escolar em todas suas manifestações, vivendo-as intensamente, essas virtudes e verdades morais, que contribuem para harmonizar os interesses individuais e os interesses coletivos. "Nós não somos antes homens e depois seres sociais, lembranos a voz insuspeita de Paul Bureau; somos seres sociais, por isso mesmo que somos homens, e a verdade está antes em que não há ato, pensamento, desejo, atitude, resolução, que tenham em nós só seu princípio e seu termo e que realizem em nós somente a totalidade de seus efeitos."

O ESTADO EM FACE DA EDUCAÇÃO

a) A educação, uma função essencialmente pública

Mas, do direito de cada indivíduo à sua educação integral decorre logicamente para o Estado que o reconhece e o proclama, o dever de considerar a educação, na variedade de seus graus e manifestações, como uma função social e eminentemente pública, que ele é chamado a realizar, com a cooperação de todas as instituições sociais. A educação que é uma das funções de que a família se vem despojando em proveito da sociedade política, rompeu os quadros do comunismo familiar e dos grupos específicos (instituições privadas), para se incorporar definitivamente entre as funções essenciais e primordiais do Estado.

Esta restrição progressiva das atribuições da família — que também deixou de ser "um centro de produção" para ser apenas um "centro de consumo", em face da nova concorrência dos grupos profissionais, nascidos precisamente em vista da proteção de interesses especializados — fazendo-a perder constantemente em extensão, não lhe tirou a "função específica", dentro do "foco interior", embora cada vez mais estreito, em que ela se confinou. Ela é ainda o "quadro natural que sustenta socialmente o indivíduo, como o meio moral em que se disciplinam as tendências, onde nascem, começam a desenvolver-se e continuam a entreter-se suas aspirações para o ideal". Por isso, o Estado, longe de prescindir da família, deve assentar o trabalho da educação no apoio que ela dá à escola e na colaboração efetiva entre pais e professores, entre os quais, nessa obra profundamente social, tem o dever de restabelecer a confiança e estreitar, as relações, associando e pondo a serviço da obra comum essas duas forças sociais — a família e a escola —, que operavam de todo indiferentes, senão em direções diversas e, às vezes, opostas.

b) A questão da escola única

Assentado o princípio do direito biológico de cada indivíduo sua educação integral, cabe evidentemente ao Estado a organização dos meios de o tornar efetivo, por um plano geral de educação, de estrutura orgânica, que torne a escola acessível, em todos seus graus, aos cidadãos a quem a estrutura social do país mantém em condições de inferioridade econômica para obter o máximo de desenvolvimento de acordo com suas aptidões vitais. Chega-se, por esta forma, ao princípio da escola para todos, "escola comum ou única", que, tomado a rigor, só não ficará na contingência de sofrer quaisquer restrições, em países em que as reformas pedagógicas estão intimamente ligadas com a reconstrução fundamental das relações sociais. Em nosso regime político, o Estado não poderá, decerto, impedir que, graças à organização de escolas privadas de tipos diferentes, as classes mais privilegiadas assegurem a seus filhos uma educação de classe determinada; mas está no dever indeclinável de não admitir, dentro do sistema escolar do Estado, quaisquer classes ou escolas, a que só tenha acesso uma minoria, por um privilégio exclusivamente econômico. Afastada a ideia do monopólio da educação pelo Estado, num país em que o Estado, pela sua situação financeira não está ainda em condições de assumir sua responsabilidade exclusiva, e em que, portanto, se torna necessário estimular, sob sua vigilância, as instituições priva¬das idôneas, a "escola única" se entenderá, entre nós, não como "uma conscrição precoce", arrolando, da escola infantil a universidade, todos os brasileiros, e submetendo-os durante o maior tempo possível a uma formação idêntica, para ramificações posteriores em vista de destinos diversos, mas antes como a escola oficial, única, em que todas as crianças, de 7 a 15, todas ao menos que, nessa idade, sejam confiadas pelos pais à escola pública, tenham uma educação comum, igual para todos.

c) A laicidade, gratuidade, obrigatoriedade e coeducação

A laicidade, gratuidade, obrigatoriedade e coeducação são outros tantos princípios em que assenta a escola unificada e que decorrem tanto da subordinação à finalidade biológica da educação de todos os fins particulares e parciais (de classes, grupos ou crenças), como do reconhecimento do direito biológico que cada ser humano tem à educação. A laicidade, que coloca o ambiente escolar acima de crenças e disputas religiosas, alheio a todo o dogmatismo sectário, subtrai o educando, respeitando-lhe a integridade da personalidade em formação, a pressão perturbadora da escola quando utilizada como instrumento de propaganda de seitas e doutrinas. A gratuidade extensiva a todas as instituições oficiais de educação é um princípio igualitário que torna a educação, em qualquer de seus graus, acessível não a uma minoria, por um privilégio econômico, mas a todos os cidadãos que tenham vontade e estejam em condições de recebê-la. Aliás, o Estado não pode tornar o ensino obrigatório, sem torná-lo gratuito. A obrigatoriedade que, por falta de escolas, ainda não passou do papel, nem em relação ao ensino primário, e se deve estender progressivamente até uma idade conciliável com o trabalho produtor, isto é, até aos 18 anos, é mais necessária ainda "na sociedade moderna em que o industrialismo e o desejo de exploração humana sacrificam e violentam a criança e o jovem", cuja educação é frequentemente impedida ou mutilada pela ignorância dos pais ou responsáveis e pelas contingências econômicas. A escola unificada não permite ainda, entre alunos de um e outro sexo outras separações que não sejam as que aconselham suas aptidões psicológicas e profissionais, estabelecendo em todas as instituições "a educação em comum" ou coeducação, que, pondo-os no mesmo pé de igualdade e envolvendo todo o processo educacional, torna mais econômica a organização da obra escolar e mais fácil sua graduação.

A FUNÇÃO EDUCACIONAL

a) A unidade da função educacional

A consciência desses princípios fundamentais da laicidade, gratuidade e obrigatoriedade, consagrados na legislação universal, já penetrou profundamente os espíritos, como condições essenciais à organização de um regime escolar, lançado, em harmonia com os direitos do indivíduo, sobre as bases da unificação do ensino, com todas suas consequências. De fato, se a educação se propõe, antes de tudo, a desenvolver ao máximo a capacidade vital do ser humano, deve ser considerada "uma só" a função educacional, cujos diferentes graus estão destinados a servir às diferentes fases de seu crescimento, "que são partes orgânicas de um todo que biologicamente deve ser levado à sua completa formação". Nenhum outro princípio poderia oferecer ao panorama das instituições escolares perspectivas mais largas, mais salutares e mais fecundas em consequências do que esse que decorre logicamente da finalidade biológica da educação. A seleção dos alunos nas suas aptidões naturais, a supressão de instituições criadoras de diferenças sobre base econômica, a incorporação dos estudos do magistério à universidade, a equiparação de mestres e professores em remuneração e trabalho, a correlação e a continuidade do ensino em todos seus graus e a reação contra tudo que lhe quebra a coerência interna e a unidade vital, constituem o programa de uma política educacional, fundada sobre a aplicação do princípio unificador, que modifica profundamente a estrutura íntima e a organização dos elementos constitutivos do ensino e dos sistemas escolares.

b) A autonomia da junção educacional

Mas, subordinada a educação pública a interesses transitórios, caprichos pessoais ou apetites de partidos, será impossível ao Estado realizar a imensa tarefa que se propõe da formação integral das novas gerações. Não há sistema escolar cuja unidade e eficácia não estejam constantemente ameaçadas, senão reduzidas e anuladas, quando o Estado não soube ou não quis se acautelar contra o assalto de poderes estranhos, capazes de impor a educação fins inteiramente contrários aos fins gerais que assinala a natureza em suas funções biológicas. Toda a impotência manifesta do sistema escolar atual e a insuficiência das soluções dadas às questões de caráter educativo não provam senão o desastre irreparável que resulta, para a educação pública, de influências e intervenções estranhas que conseguiram sujeitá- la a seus ideais secundários e interesses subalternos. Daí decorre a necessidade de uma ampla autonomia técnica, administrativa e econômica, com que os técnicos e educadores, que têm a responsabilidade e devem ter, por isso, a direção e administração da função educacional, tenham assegurados os meios materiais para poderem realizá-la. Esses meios, porém, não podem reduzir-se às verbas que, nos orçamentos, são consignadas a esse serviço público e, por isso, sujeitas às crises dos erários do Estado ou às oscilações do interesse dos governos pela educação. A autonomia econômica não se pode-rá realizar, a não ser pela instituição de um "fundo especial ou escolar", que, constituído de patrimônios, impostos e rendas próprias, seja administrado e aplicado exclusivamente no desenvolvimento da obra educacional, pelos próprios órgãos do ensino, incumbidos de sua direção.

c) A descentralização

A organização da educação brasileira unitária sobre a base e os princípios do Estado, no espírito da verdadeira comunidade popular e no cuidado da unidade nacional, não implica um centralismo estéril e odioso, ao qual se opõem, as condições geográficas do país e a necessidade de adaptação crescente da escola aos interesses e às exigências regionais. Unidade não significa uniformidade. A unidade pressupõe multiplicidade. Por menos que pareça, à primeira vista, não é, pois, na centralização, mas na aplicação da dou-trina federativa e descentralizadora que teremos de buscar o meio de levar a cabo, em toda a República, uma obra metódica e coordenada, de acordo com um plano comum, de completa eficiência, tanto em intensidade como em extensão. A União, na capital, e aos estados nos seus respectivos territórios, é que deve competir a educação em todos os graus, dentro dos princípios gerais fixados na nova constituição, que deve conter, com a definição de atribuições e deveres, os fundamentos da educação nacional. Ao gover¬no central, pelo Ministério da Educação, caberá vigiar sobre a obediência a esses princípios, fazendo executar as orientações e os rumos gerais da função educacional, estabelecidos na carta constitucional e em leis ordinárias, socorrendo onde haja deficiência de meios, facilitando o intercâmbio pedagógico e cultural dos Estados e intensificando por todas as formas suas relações espirituais. A unidade educativa — essa obra imensa que a União terá de realizar sob pena de perecer como nacionalidade, se manifestará então como uma força viva, um espírito comum, um estado de ânimo nacional, nesse regime livre de intercâmbio, solidariedade e cooperação que, levando os Estados a evitar todo o desperdício nas suas despesas escolares afim de produzir os maiores resultados com as menores despesas, abrirá margem a uma sucessão ininterrupta de esforços fecundos em criações e iniciativas.

O PROCESSO EDUCATIVO

O conceito e os fundamentos da educação nova O desenvolvimento das ciências lançou as bases das doutrinas da nova educação, ajustando a finalidade fundamental e os ideais que ela deve prosseguir aos processos apropriados para realizá-los. A extensão e a riqueza que atualmente alcança por toda a parte o estudo científico e experimental da educação, a libertaram do empirismo, dando-lhe um caráter e um espírito nitidamente científico e organizando, em corpo de doutrina, numa série fecunda depesquisas e experiências, os princípios da educação nova, pressentidos e às vezes formulados em rasgos de síntese, pela intuição luminosa de seus precursores. A nova doutrina, que não considera a função educacional como uma função de superposição ou de acréscimo, segundo a qual o educando é "modelado exteriormente" (escola tradicional), mas uma função complexa de ações e reações em que o espírito cresce de "dentro para fora", substitui o mecanismo pela vida (atividade funcional) e transfere para a criança e para o respeito de sua personalidade o eixo da escola e o centro de gravidade do problema da educação. Considerando os processos mentais, como "funções vitais" e não como "processos em si mesmos", ela os subordina à vida, como meio de utilizá-la e de satisfazer às suas múltiplas necessidades materiais e espirituais. A escola vista desse ângulo novo que nos dá o conceito funcional da educação, deve oferecer à criança um meio vivo e natural, "favorável ao intercâmbio de reações e experiências", em que ela vivendo sua vida própria, generosa e bela de criança, seja levada "ao trabalho e à ação por meios naturais que a vida suscita quando o trabalho e a ação convêm aos seus interesses e às suas necessidades".

Nessa nova concepção da escola, que é uma reação contra as tendências exclusivamente passivas, intelectualistas e verbalistas da escola tradicional, a atividade que está na base de todos seus trabalhos é a atividade espontânea, alegre e fecunda, dirigida à satisfação das necessidades do próprio indivíduo. Na verdadeira educação funcional deve estar, pois, sempre presente, como elemento essencial e inerente à sua própria natureza, o problema não só da correspondência entre os graus do ensino e as etapas da evolução intelectual fixadas sobre a base dos interesses, como também da adaptação da atividade educativa as necessidades psicobiológicas do momento.

O que distingue da escola tradicional a escola nova não é, de fato, a predominância dos trabalhos de base manual e corporal, mas a presença, em todas suas atividades, do fator psicobiológico do interesse, que é a primeira condição de uma atividade espontânea e o estímulo constante ao educando (criança, adolescente ou jovem) a buscar todos os recursos ao seu alcance, "graças à força de atração das necessidades profundamente sentidas". É certo que, deslocando-se, por esta forma, para a criança e para seus interesses, móveis e transitórios, a fonte de inspiração das atividades escolares, quebra-se a ordem que apresentavam os programas tradicionais do ponto de vista da lógica formal dos adultos, para os pôr de acordo com a "lógica psicológica", isto é, com a lógica que se baseia na natureza e no funcionamento do espírito infantil.

Mas, para que a escola possa fornecer aos "impulsos interiores a ocasião e o meio de realizar-se", e abrir ao educando, à sua energia de observar, experimentar e criar todas as atividades capazes de satisfazê-la, é preciso que ela seja reorganizada como um "mundo natural e social embrionário", um ambiente dinâmico em íntima conexão com a região e a comunidade. A escola que tem sido um aparelho formal e rígido, sem diferenciação regional, inteiramente desintegrado em relação ao meio social, passará a ser um organismo vivo, com uma estrutura social, organizada à ma-neira de uma comunidade palpitante pelas soluções de seus problemas. Mas, se a escola deve ser uma comunidade em miniatura, e se em toda a comunidade as atividades manuais, motoras ou construtoras "constituem as funções predominantes da vida", é natural que ela inicie os alunos nessas atividades, pondo-os em contato com o ambiente e com a vida ativa que os rodeia, para que eles possam, desta forma, possuí-la, apreciá-la e senti-la de acordo com as aptidões e possibilidades. "A vida da sociedade, observou Paulsen, se modifica em função da sua economia, e a energia individual e coletiva se manifesta pela sua produção material". A escola nova, que tem de obedecer a esta lei, deve ser reorganizada de maneira que o trabalho seja seu elemento formador, favorecendo a expansão das energias criadoras do educando, procurando estimular-lhe o próprio esforço como o elemento mais eficiente em sua educação e preparando-o, com o trabalho em grupos e todas as atividades pedagógicas e sociais, para fazê-lo penetrar na corrente do progresso material e espiritual da socieda¬de de que provier e em que vai viver e lutar.

PLANO DE RECONSTRUÇÃO EDUCACIONAL

a) As linhas gerais do plano

Ora, assentada a finalidade da educação e definidos os meios de ação ou processos de que necessita o indivíduo para seu desenvolvi¬mento integral, ficam fixados os princípios científicos sobre os quais se pode apoiar solidamente um sistema de educação. A aplicação desses princípios importa, como se vê, numa radical transformação da educação pública em todos seus graus, tanto à luz do novo con¬ceito de educação, como à vista das necessidades nacionais. No pla¬no de reconstrução educacional, de que se esboçara aqui apenas suas grandes linhas gerais, procuramos, antes de tudo, corrigir o erro capital que apresenta o atual sistema (se é que se pode chamá-lo de sistema), caracterizado pela falta de continuidade e articulação do ensino, em seus diversos graus, como se não fossem etapas de um mesmo processo, e cada um dos quais deve ter seu "fim particular", próprio, dentro da "unidade do fim geral da educação" e dos prin¬cípios e métodos comuns a todos os graus e instituições educativas. De fato, o divórcio entre as entidades que mantêm o ensino primá¬rio e profissional e as que mantêm o ensino secundário e superior, vai concorrendo insensivelmente, como já observou um dos signatários deste manifesto, "para que se estabeleçam no Brasil, dois sistemas escolares paralelos, fechados em compartimentos estanques e incomunicáveis, diferentes nos seus objetivos culturais e sociais, e, por isso mesmo, instrumentos de estratificação social".

A escola primária que se estende sobre as instituições das escolas maternais e dos jardins de infância e constitui o problema fundamental das democracias, deve, pois, articular-se rigorosamente com a educação secundária unificada, que lhe sucede, em terceiro plano, para abrir acesso às escolas ou institutos superiores de especialização profissional ou de altos estudos. Ao espírito novo que já se apoderou do ensino primário não se poderia, porém, subtrair a escola secundária, em que se apresentam, colocadas no mesmo nível, a educação chamada "profissional" (de preferência manual ou mecânica) e a educação humanística ou científica (de preponderância intelectual), sobre uma base comum de três anos. A escola secundária deixará de ser assim a velha escola de "um grupo social", destinada a adaptar todas as inteligências a uma forma rígida de educação, para ser um aparelho flexível e vivo, organizado para ministrar a cultura geral e satisfazer às necessidades práticas de adaptação à variedade dos grupos sociais. É o mesmo princípio que faz alargar o campo educativo das universidades, em que, ao lado das escolas destinadas ao preparo para as profissões chamadas 'liberais", se devem introduzir, no sistema, as escolas de cultura especializada, para as profissões industriais e mercantis, propulsoras de nossa riqueza econômica e industrial. Mas esse princípio, dilatando o campo das universidades, para adaptá-las à variedade e às necessidades dos grupos sociais, tão longe está de lhes restringir a função cultural que tende a elevar constantemente as escolas de formação profissional, achegando-as suas próprias fontes de renovação e agrupando-as em torno dos grandes núcleos de criação livre, de pesquisa científica e de cultura desinteressada.

A instrução pública não tem sido, entre nós, na justa observação de Alberto Torres, senão um "sistema de canais de êxodo da mocidade do campo para as cidades e da produção para o parasitismo". É preciso, para reagir contra esses males, já tão lucidamente apontados, por em via de solução o problema educacional das massas rurais e do elemento trabalhador da cidade e dos centros industriais, já pela extensão da escola do trabalho educativo e da escola do trabalho profissional, baseada no exercício normal do trabalho em cooperação, já pela adaptação crescente dessas escolas (primária e secundária profissional) às necessidades regionais e as profissões e indústrias dominantes no meio. A nova política educacional rompendo, de um lado, contra a formação exces-sivamente literária de nossa cultura, para lhe dar um caráter cientí-fico e técnico, e contra esse espírito de desintegração da escola, em relação ao meio social, impõe reformas profundas orientadas no sentido da produção e procura, reforçar, por todos os meios, a intenção e o valor social da escola, sem negar a arte, a literatura e os valores culturais. A arte e a literatura têm efetivamente uma significação social, profunda e múltipla; a aproximação dos homens, sua organização em uma coletividade unânime, a difusão de tais ou quais ideias sociais, de uma maneira "imaginada", e, portanto, eficaz, a extensão do raio visual do homem e o valor moral e educativo conferem certamente à arte uma enorme importância social. Mas, se, à medida que a riqueza do homem aumenta, o alimento ocupa um lugar cada vez mais fraco, os produtores intelectuais não passam para o primeiro plano senão quando as sociedades se organizam em sólidas bases econômicas.

b) O ponto nevrálgico da questão

A estrutura do plano educacional corresponde, na hierarquia de suas instituições escolares (escola infantil ou pré-primária; primária; secundária e superior ou universitária) aos quatro grandes períodos que apresenta o desenvolvimento natural do ser humano. É uma reforma integral da organização e dos métodos de toda a educação nacional, dentro do mesmo espírito que substitui o conceito estático do ensino por um conceito dinâmico, fazendo um apelo, dos jardins de infância à universidade, não à receptividade, mas à atividade criadora do aluno. A partir da escola infantil (4 a 6 anos) até a universidade, com escala pela educação primária (7 a 12) e pela secundária (12 a 18 anos), a "continuação ininterrupta de esforços criadores" deve levar à formação da personalidade integral do aluno e ao desenvolvimento de sua faculdade produtora e de seu poder criador, pela aplicação, na escola, para a aquisição ativa de conhecimentos, dos mesmos métodos (observação, pesquisa e experiência), que segue o espírito maduro, nas investigações científicas. A escola secundária, unificada para se evitar o divórcio entre os trabalhadores manuais e intelectuais, terá uma sólida base comum de cultura geral (3 anos), para a posterior bifurcação (dos 15 aos 18), em seção de preponderância intelectual (com os três ciclos de humanidades modernas; ciências físicas e matemáticas; e ciências químicas e biológicas), e em seção de preferência manual, ramificada por sua vez, em ciclos escolas ou cursos destinados à preparação às atividades profissionais, decorrentes da extração de matérias-primas (escolas agrícolas, de mineração e de pesca) da elaboração das matérias-primas (industriais e profissionais) e da distribuição dos produtos elaborados (transportes, comunicações e comércio).

Mas, montada, na sua estrutura tradicional, para a classe média (burguesia), enquanto a escola primária servia a classe popular, como se tivesse uma finalidade em si mesma, a escola secundária ou do 3° grau não forma apenas o reduto dos interesses de classe, que criaram e mantêm o dualismo dos sistemas escolares. É ainda nesse campo educativo que se levanta a controvérsia sobre o sentido de cultura geral e se põe o problema relativo à escolha do momento em que a matéria do ensino deve diversificar-se em ramos iniciais de especialização. Não admira, por isso, que a escola secundária seja, nas reformas escolares, o ponto nevrálgico da questão. Ora, a solução dada, nesse plano, ao problema do ensino secundário, levantando os obstáculos opostos pela escola tradicional à interpenetração das classes sociais, se inspira na necessidade de adaptar essa educação à diversidade nascente de gostos e à variedade crescente de aptidões que a observação psicológica registra nos adolescentes e que "representam as únicas forças capazes de arrastar o espírito dos jovens à cultura superior". A escola do passado, com seu esforço inútil de abarcar a soma geral de conhecimentos, descurou a própria formação do espírito e a função que lhe cabia de conduzir o adolescente ao limiar das profissões e da vida. Sobre a base de uma cultura geral comum, em que importará menos a quantidade ou qualidade das matérias do que o "método de sua aquisição", a escola moderna estabelece para isso, depois dos 15 anos, o ponto em que o ensino se diversifica, para se adaptar já à diversidade crescente de aptidões e de gostos, já à variedade de formas de atividade social.

**c) O conceito moderno de universidade e
o problema universitário no Brasil**

A educação superior que tem estado, no Brasil, exclusivamente a serviço das profissões 'liberais" (engenharia, medicina e direito), não pode evidentemente erigir-se à altura de uma educação universitária, sem alargar para horizontes científicos e culturais sua finalidade estritamente profissional e sem abrir seus quadros rígidos à formação de todas as profissões que exijam conhecimentos científicos, elevando-as todas a nível superior e tornando-se, pela flexibilidade de sua organização, acessível a todos. Ao lado das faculdades profissionais existentes, reorganizadas em novas bases, impõe-se a criação simultânea ou sucessiva, em cada quadro universitário, de faculdades de ciências sociais e econômicas; de ciências matemáticas, físicas e naturais, e de filosofia e letras, que, atendendo à variedade de tipos mentais e das necessidades sociais, deverão abrir às universidades que se criarem ou se reorganizarem, um campo cada vez mais vasto de investigações científicas. A educação superior ou universitária, a partir dos 18 anos, inteiramente gratuita, como as demais, deve tender, de fato, não somente à formação profissional e técnica, no seu máximo desenvolvimento, como à formação de pesquisadores, em todos os ramos de conhecimentos humanos. Ela deve ser organizada de maneira que possa desempenhar a tríplice função que lhe cabe de elaboradora ou criadora de ciência (investigação), docente ou transmissora de conhecimentos (ciência feita) e de vulgarizadora ou popularizadora, pelas instituições de extensão universitária, das ciências e das artes.

No entanto, com ser a pesquisa, na expressão de Coulter, o "sistema nervoso da universidade", que estimula e domina qualquer outra função; com ser esse espírito de profundidade e universalidade, que imprime a Educação superior um caráter universitário, pondo-a em condições de contribuir para o aperfeiçoamento constante do saber humano, a nossa educação superior nunca ultrapassou os limites e as ambições de formação profissional, a que se propõem as escolas de engenharia, de medicina e direito. Nessas instituições, organizadas antes para uma função docente, a ciência está inteiramente subordinada a arte ou a técnica da profissão a que servem, com o cuidado da aplicação imediata e próxima, de uma direção utilitária em vista de uma função pública ou de uma carreira privada. Ora, se, entre nós, vingam facilmente todas as fórmulas e frases feitas; se a nossa ilustração, mais variada e mais vasta do que no Império, é hoje, na frase de Alberto Torres, "mais vaga, fluida, sem assento, incapaz de habilitar os espíritos a formar juízos e incapaz de lhes inspirar atos", é porque a nossa geração, além de perder a base de uma educação secundária sólida, posto que exclusivamente literária, se deixou infiltrar desse espírito enciclopédico em que o pensamento ganha em extensão o que perde em profundidade; em que da observação e da experiência, em que devia exercitar-se, se deslocou o pensamento para o hedonismo intelectual e para a ciência feita, e em que, finalmente, o período criador cede o lugar à erudição, e essa mesma quase sempre, entre nós, aparente e sem substância, dissimulando sob a superfície, às vezes brilhante, a absoluta falta de solidez de conhecimentos.

Nessa superficialidade de cultura, fácil e apressada, de autodidáticas, cujas opiniões se mantêm prisioneiras de sistemas ou se matizam das tonalidades das mais variadas doutrinas, se tem de buscar as causas profundas da estreiteza e da flutuação dos espíritos e da indisciplina mental, quase anárquica, que revelamos em face de todos os problemas. Nem a primeira geração nascida com a República, no seu esforço heroico para adquirir a posse de si mesma, elevando-se acima de seu meio, conseguiu libertar-se de todos os males educativos de que se viciou sua formação. A orga-nização de universidades é, pois, tanto mais necessária e urgente quanto mais pensarmos que só com essas instituições, a que cabe criar e difundir ideais políticos, sociais, morais e estéticos, é que podemos obter esse intensivo espírito comum, nas aspirações, nos ideais e nas lutas, esse "estado de ânimo nacional", capaz de dar força, eficácia e coerência à ação dos homens, sejam quais forem as divergências que possa estabelecer entre eles a diversidade de pontos de vista na solução dos problemas brasileiros. É a univer-sidade, no conjunto de suas instituições de alta cultura, propostas ao estudo científico dos grandes problemas nacionais, que nos dará os meios de combater a facilidade de tudo admitir; o ceticismo de nada escolher nem julgar; a falta de crítica, por falta de espírito de síntese; a indiferença ou a neutralidade no terreno das ideias; a ignorância "da mais humana de todas as operações intelectuais, que é a de tomar partido", e a tendência e o espírito fácil de subs¬tituir os princípios (ainda que provisórios) pelo paradoxo e pelo humor, esses recursos desesperados.

d) O problema dos melhores

De fato, a universidade, que se encontra no ápice de todas as instituições educativas, está destinada, nas sociedades modernas a desenvolver um papel cada vez mais importante na formação das elites de pensadores, sábios, cientistas, técnicos e educadores, de que elas precisam para o estudo e solução de suas questões cientí-ficas, morais, intelectuais, políticas e econômicas. Se o problema fundamental das demo-cracias é a educação das massas populares, os me-lhores e os mais capazes, por seleção, devem formar o vér-tice de uma pirâmide de base imensa. Certamen-te, o novo conceito de educação repele as elites for-madas artificialmente "por diferenciação econômica" ou sob o critério da independência econômica, que não é nem pode ser hoje elemento necessário para fazer parte delas. A primeira condição para que uma elite desempenhe sua missão e cumpra seu dever é de ser "inteiramente aberta" e não somente de admitir todas as capacidades novas, como também de rejeitar implacavelmente de seu seio todos os indivíduos que não desempenham a função social que lhes é atribuída no interesse da coletividade. Mas não há sociedade alguma que possa prescindir desse órgão especial e tanto mais perfeitas serão as sociedades quanto mais pesquisada e selecionada for sua elite, quanto maior for a riqueza e a variedade de homens, de valor cultural substantivo, necessários para enfrentar a variedade dos problemas que põe a complexidade das sociedades modernas. Essa seleção que se deve processar não "por diferenciação econômica", mas "pela diferenciação de todas as capacidades", favorecida pela educação, mediante a ação biológica e funcional, não pode, não diremos completar-se, mas nem sequer realizar-se senão pela obra universitária que, elevando ao máximo o desenvolvimento dos indivíduos dentro de suas aptidões naturais e selecionando os mais capazes, lhes dá bastante força para exercer influência efetiva na sociedade e afetar, dessa forma, a consciência social.

A unidade de formação de professores e a unidade de espírito Ora, dessa elite deve fazer parte evidentemente o professorado de todos os graus, ao qual, escolhido como sendo um corpo de eleição, para uma função pública da mais alta importância, não se dá, nem nunca se deu no Brasil, a educação que uma elite pode e deve receber. A maior parte dele, entre nós, é recrutada em todas as carreiras, sem qualquer preparação profissional, como os professores do ensino secundário e os do ensino superior (engenharia, medicina, direito, etc.), entre os profissionais dessas carreiras, que receberam, uns e outros, do secundário, sua educação geral. O magistério primário, preparado em escolas especiais (escolas normais), de caráter mais propedêutico, e, às vezes misto, com seus cursos gerais e de especialização profissional, não recebe, em geral, nesses estabelecimentos, de nível secundário, nem uma sólida preparação pedagógica, nem a educação geral em que ela deve basear-se. A preparação dos professores, como se vê, é tratada entre nós, de maneira diferente, quando não é inteiramente descuidada, como se a função educacional, de todas as funções públicas a mais importante, fosse a única para cujo exercício não houvesse necessidade de qualquer preparação profissional. Todos os professores, de todos os graus, cuja preparação geral se adquirirá nos estabelecimentos de ensino secundário, devem, no entanto, formar seu espírito pedagógico, conjuntamente, nos cursos universitários, em faculdades ou escolas normais, elevadas ao nível superior e incorporadas às universidades. A tradição das hierarquias docentes, baseadas na diferenciação dos graus de ensino, e que a linguagem fixou em denominações diferentes (mestre, professor e catedrático), é inteiramente contrária ao princípio da unidade da função educacional, que, aplicad às funções docentes, importa na incorporação dos estudos do magistério às universidades, e, portanto, na libertação espiritual e econômica do professor, mediante uma formação e remuneração equivalentes que lhe permitam manter, com a eficiência no trabalho, a dignidade e o prestígio indispensáveis aos educadores.

A formação universitária doe professores não é somente uma necessidade da função educativa, mas o único meio de, elevando-lhes em verticalidade a cultura, e abrindo-lhes a vida sobre todos os horizontes, estabelecer, entre todos, para a realização da obra educacional, uma compreensão recíproca, uma vida sentimental comum e um vigoroso espírito comum nas aspirações e nos ideais. Se o estado cultural dos adultos é que dá as diretrizes à formação da mocidade, não se poderá estabelecer uma função e educação unitária da mocidade, sem que, haja unidade cultural naqueles que estão incumbidos de transmiti-la. Nós não temos o feiticismo, mas o princípio da unidade, que reconhecemos não ser possível senão quando se criou esse "espírito", esse "ideal comum", pela unificação, para todos os graus do ensino, da formação do magistério, que elevaria o valor dos estudos, em todos os graus, imprimiria mais lógica e harmonia às instituições, e corrigiria, tanto quanto humanamente possível, as injustiças da situação atual. Os professores de ensino primário e secundário, assim formados, em escolas ou cursos universitários, sobre a base de uma educação geral comum, dada em estabelecimentos de educação secundária, não fariam senão um só corpo com os do ensino superior, preparando a fusão sincera e cordial de todas as forças vivas do magistério. Entre os diversos graus do ensino, que guardariam sua função específica, se estabeleceriam contatos estreitos que permitiriam as passagens de um ao outro nos momentos precisos, descobrindo as superioridades em gérmen, pondo-as em destaque e assegurando, de um ponto a outro dos estudos, a unidade do espírito sobre a base da unidade de formação dos professores.

O PAPEL DA ESCOLA NA VIDA E SUA FUNÇÃO SOCIAL

Mas, ao mesmo tempo em que os progressos da psicologia aplicada à criança começaram a dar à educação bases científicas, os estudos sociológicos, definindo a posição da escola em face da vida, nos trouxeram uma consciência mais nítida da sua função social e da estreiteza relativa de seu círculo de ação. Compreende-se, à luz desses estudos, que a escola, campo específico de educação, não é um elemento estranho à sociedade humana, um elemento separado, mas "uma instituição social", um órgão feliz e vivo, no conjunto das instituições necessárias à vida, o lugar onde vivem a criança, a adolescência e a mocidade, de conformidade com os interesses e as alegrias profundas de sua natureza. A educação, porém, não se faz somente pela escola, cuja ação é favorecida ou contrariada, ampliada ou reduzida pelo jogo de forças inumeráveis que concorrem ao movimento das sociedades modernas. Numerosas e variadíssimas são de fato as influências que formara o homem através da existência. "Há a herança que é a escola da espécie, como já se escreveu; a família que é a escola dos pais; o ambiente social que é a escola da comunidade, e a maior de todas as escolas, a vida, com todos seus imponderáveis e forças incalculáveis". Compreender-se--á, então, para empregar a imagem de C. Bouglé, que, na sociedade, a "zona luminosa é singularmente mais estreita que a zona de sombra; os pequenos focos de ação consciente que são as escolas, não são senão pontos na noite, e a noite que as cerca não é vazia, mas cheia e tanto mais inquietante; não é o silêncio e a imobilidade do deserto, mas o frêmito de uma floresta povoada".

Dessa concepção positiva da escola, como uma instituição social, limitada, na sua ação educativa, pela pluralidade e diversidade das forças que concorrem ao movimento das sociedades, resulta a necessidade de reorganizá-la, como um organismo maleável e vivo, aparelhado de um sistema de instituições suscetíveis de lhe alargar os limites e o raio de ação. As instituições pré-escolares e pós-escolares, de caráter educativo ou de assistência social, devem ser incorporadas em todos os sistemas de organização escolar para corrigirem essa insuficiência social, cada vez maior, das instituições educacionais. Essas instituições de educação e cultura, dos jardins de infância às escolas superiores, não exercem a ação intensa, larga e fecunda que são chamadas a desenvolver e não podem exercer senão por esse conjunto sistemático de medidas de projeção social da obra educativa além dos muros escolares. Cada escola, seja qual for seu grau, dos jardins às universidades, deve, pois, reunir em torno de si as famílias dos alunos, estimulando e aproveitando as iniciativas dos pais em favor da educação; constituindo sociedades de ex-alunos que mantenham relação constante com as escolas; utilizando, em seu proveito, os valiosos e múltiplos elementos materiais e espirituais da coletividade e despertando e desenvolvendo o poder de iniciativa e o espírito de cooperação social entre os pais, os professores, a imprensa e todas as demais instituições diretamente interessadas na obra da educação.

Pois, é impossível realizar-se em intensidade e extensão uma só-lida obra educacional sem se rasgarem na escola aberturas no maior número possível de direções e sem se multiplicarem os pontos de apoio de que ela precisa, para se desenvolver, recorrendo à comunidade como a fonte que lhes há de proporcionar todos os elementos necessários para elevar as condições materiais e espirituais das escolas. A consciência do verdadeiro papel da escola na sociedade impõe o dever de concentrar a ofensiva educacional sobre os núcleos sociais, como a família, os agrupamentos profissionais e a imprensa, para que o esforço da escola se possa realizar em convergência, numa obra solidária, com as outras instituições da comunidade. Mas, além de atrair para a obra comum as instituições que são destinadas, no sistema social geral, a fortificar-se mutuamente, a escola deve utilizar, em seu proveito, com a maior amplitude possível, todos os recursos formidáveis, como a imprensa, o disco, o cinema e o rádio, com que a ciência, multiplicando-lhe a eficácia, acudiu a obra de educação e cultura e que assumem, em face das condições geográficas e da extensão territorial do país, uma importância capital. A escola antiga, presumida da importância do seu papel e fechada no seu exclusivismo acanhado e estéril, sem o indispensável complemento e concurso de todas as outras instituições sociais, se sucederá à escola moderna aparelhada de todos os recursos para estender e fecundar sua ação na solidariedade com o meio social, em que então, e só então, se tornará capaz de influir, transformando-se num centro poderoso de criação, atração e irradiação de todas as forças e atividades educativas.

A DEMOCRACIA, UM PROGRAMA
DE LONGOS DEVERES

Não alimentamos, decerto, ilusões sobre as dificuldades de toda a ordem que apresenta um plano de reconstrução educacional de tão grande alcance e de tão vastas proporções. Mas, temos, com a consciência profunda de uma por uma dessas dificuldades, a disposição obstinada de enfrentá-las, dispostos, como estamos, na defesa de nossos ideais educacionais, para as existências mais agitadas, mais rudes e mais fecundas em realidades, que um homem tenha vivido desde que há homens, aspirações e lutas. O próprio espírito que o informa de uma nova política educacional, com sentido unitário e de bases científicas, e que seria, em outros países, a maior fonte de seu prestígio, tornará esse plano suspeito aos olhos dos que, sob o pretexto e em nome do nacionalismo, persistem em manter a educação, no terreno de uma política empírica, à margem das correntes renovadoras de seu tempo. De mais, se os problemas de educação devem ser resolvidos de maneira científica, e se a ciência não tem pátria, nem varia, nos seus princípios, com os climas e as latitudes, a obra de educação deve ter, em toda a parte, uma "unidade fundamental", dentro da variedade de sistemas resultantes da adaptação a novos ambientes dessas ideias e aspirações que, sendo estruturalmente científicas e humanas, têm um caráter universal. É preciso, certamente, tempo para que as camadas mais profundas do magistério e da sociedade era geral sejam tocadas pelas doutrinas novas e seja esse contato bastante penetrante e fecundo para lhe modificar os pontos de vista e as atitudes em face do problema educacional, e para nós permitir as conquistas em globo ou por partes de todas as grandes aspirações que constituem a substância de uma nova política de educação.

Os obstáculos acumulados, porém, não nos abateram ainda nem poderão abater-nos a resolução firme

de trabalhar pela reconstrução educacional no Brasil.
Nós temos uma missão a cumprir; insensíveis à indiferença e à hostilidade, em luta aberta contra pre-
conceitos e prevenções enraizadas, caminharemos
progressivamente para o termo de nossa tarefa, sem
abandonarmos o terreno das realidades, mas sem
perdermos de vista nossos ideais de reconstrução do
Brasil, na base de uma educação inteiramente nova.
A hora crítica e decisiva que vivemos não nos permite
hesitar um momento diante da tremenda tarefa que
nos impõe a consciência, cada vez mais viva da necessidade de nos prepararmos para enfrentarmos com o
evangelho da nova geração, a complexidade trágica
dos problemas postos pelas sociedades modernas.
"Não devemos submeter o nosso espírito. Devemos,
antes de tudo proporcionar-nos um espírito firme e
seguro; chegar a ser sérios em todas as coisas, e não
continuar a viver frivolamente e como envoltos em
bruma; devemos formar-nos princípios fixos e ina-
baláveis que sirvam para regular, de um modo firme,
todos os nossos pensamentos e todas as nossas ações;
vida e pensamento devem ser em nós outros de uma
só peça e formar um todo penetrante e sólido. Devemos, em uma palavra, adquirir um caráter, e refletir,
pelo movimento de nossas próprias ideias, sobre os
grandes acontecimentos de nossos dias, sua relação

conosco e o que podemos esperar deles. É preciso formar uma opinião clara e penetrante e responder a esses problemas sim ou não de um modo decidido e inabalável". Essas palavras tão oportunas, que "agora lembramos, escreveu-as Fichte há mais de um século, apontando à Alemanha, depois da derrota de Iena, o caminho de sua salvação pela obra educacional, em um daqueles famosos discursos à nação alemã, pronunciados de sua cátedra, enquanto sob as janelas da universidade, pelas ruas de Berlim, ressoavam os tambores franceses... Não são, de fato, senão as fortes convicções e a plena posse de si mes-mos que fazem os grandes homens e os grandes povos. Toda a profunda renovação dos princípios que orientam a marcha dos povos precisa acompanhar-se de profundas transformações no regime educacional: as únicas revoluções fecundas são as que se fazem ou se consolidam pela educação, e é só pela educação que a doutrina democrática, utilizada como um princípio de desagregação moral e de indisciplina, poderá tranformar-se numa fonte de esforço moral, de energia criadora, de solidariedade social e de espírito de cooperação. "O ideal da democracia que — escrevia Gustave Belot em 1919 — parecia mecanismo político, torna-se princípio de vida moral e social, e o que parecia coisa feita e reali-zada revelou-se como um caminho a seguir e como um programa de longos deveres". Mas, de todos os deveres que se incumbe ao Estado, o que exige maior capacidade de dedicação e justifica maior soma de sacrifícios; aquele com que não é possível transigir sem a perda irreparável de algumas gerações; aquele em cujo cumprimento os erros praticados se projetam mais longe nas suas consequências, agravando-se à medida que recuam no tempo; o dever mais alto, mais penoso e mais grave é, decerto, o da educação que, dando ao povo a consciência de si mesmo e de seus destinos e a força para afirmar-se e realizá-los, entretém, cultiva e perpetua a identidade da consciência nacional, na sua comunhão íntima com a consciência humana.

Os signatários do Manifesto:

Fernando de Azevedo
Afrânio Peixoto
A. De Sampaio Dória
Anísio Spinola Teixeira
M. Bergstrom Lourenço Filho
Roquette-Pinto
J. G. Frota Pessoa
Julio de Mesquita Filho
Raul Briquet

Mário Casasanta C. Delgado de Carvalho
A. Ferreira de Almeida Jr.
J. P. Fontenelle Roldão Lopes de Barros
Noemy M. da Silveira
Hermes Lima
Attílio Vivacqua
Francisco Venâncio Filho
Paulo Maranhão
Cecília Meireles
Edgar Sussekind de Mendonça
Armanda Álvaro Alberto
Garcia de Rezende
Nóbrega da Cunha
Paschoal Lemme
Raul Gomes

MANIFESTO DOS EDUCADORES
MAIS UMA VEZ CONVOCADOS
AO POVO E AO GOVERNO

Se nem todo o momento será julgado oportuno para dizer a verdade, sobretudo se amarga e dura, não se poderá esperar ocasião para restabelecê-la, que é dever de todos, quando desfigurada, proclamá-la sem rebuços e meias palavras. Mas também sem veemência e brutalidade, que desses recursos homens de espírito não seriam capazes de utilizar-se nem necessitam as verdades para serem sentidos ou restauradas na plenitude de sua forma. É, pois, num estado de espírito, limpo de paixões e de interesses, que lançamos esse novo Manifesto ao povo e ao governo. Os que porventura pensam ou pensarem de maneira diferente, hão de reconhecer-nos, por amor ao princípio de liberdade, que são os primeiros a invocar, o direito que nos assiste e temos por um dever indeclinável, de apresentar e submeter ao julgamento público os nossos pontos de vista sobre problemas da gravidade e complexidade com que se apresentam os da educação. A verdade impõe-nos a consciência dizê-la inteira, com sinceridade radical, serena energia e ardor lúcido, sem trazer, porém, o debate a que fomos convocados, a terreno inconveniente, sem lhe imprimir o caráter polêmico, de antagonismos pessoais, a que, em circunstância alguma, deveriam descer, como infelizmente já desceram, as discussões em matéria de tamanha magnitude. No esforço para a reconstituição dos fatos e a inteligência das novas condições de vida, não nos sobressaltam os fantasmas do medo e da ameaça que vagueiam nessa cerração, feita de confusões, intencionais ou inconscientes, e que, tocada por ventos fortes de um ou outro ponto do horizonte, se adensa cada vez mais à volta de nós, tentando subtrair-nos aos olhos as necessidades e tendências reais da educação no mundo contemporâneo.

Esta mensagem, decorridos mais de 25 anos da primeira que em 1932 nos sentimos obrigados a transmitir ao público e às suas camadas governantes, marca nova etapa no movimento de reconstrução educacional que se procurou então desencadear, e que agora recebe a solidariedade e o apoio de educadores da nova geração. Outras, muito diversas, são as circunstâncias atuais que naturalmente reflete este novo documento, menos doutrinário, mais realista e positivo, na linha, porém, do pensamento da mesma corrente de educadores. O que era antes um plano de ação para o futuro, tornou-se hoje matéria já inadiável como programa de realizações práticas, por cuja execução esperamos inutilmente, durante um quarto de século de avanços e recuos, de perplexidades e hesitações. Certamente, nesse largo período, tivemos a fortuna de constatar numerosas iniciativas do maior alcance, muitas delas de responsabilidade direta ou sob a inspiração de alguns dos signatários do Manifesto dos Pioneiros da Educação Nova. Mas foram elas ou largos planejamentos, parcialmente executados, ou medidas fragmentárias, em setores isolados da educação ou de influências regionais, sem as conexões indispensáveis com as diversas esferas do aparelhamento escolar, cuja estrutura geral não se modificou, mantendo-se incongruente e desarticulada em suas peças fundamentais. Não negamos nenhum dos princípios por que nos batemos em 1932, e cuja atualidade é ainda tão viva, e mais do que viva, tão palpitante que esse documento, já velho de mais de 25 anos, se diria pensado e escrito nestes dias. Vendo embora com outros olhos a realidade, múltipla e complexa, — porque ela mudou e profundamente sob vários aspectos, — e continuando a ser homens de nosso tempo, partimos do ponto em que ficamos, não para um grito de guerra que soaria mal na boca de educadores, mas para uma tomada de consciência da realidade atual e uma

retomada, franca e decidida, de posição em face dela
e em favor, como antes, da educação democrática, da
escola democrática e progressista que tem como pos-
tulados a liberdade de pensamento e a igualdade de
oportunidades para todos.

UM POUCO DE LUZ SOBRE A EDUCAÇÃO
NO PAÍS E SUAS CAUSAS

A despeito de iniciativas e empreendimentos de
primeira ordem, do governo federal e de Estados, que
importam em reais progressos no campo educacional, surgem por toda a parte críticas severas a vários
setores da educação no país, as quais, avolumando—
se, tomam as proporções de um clamor geral. A organização do ensino é má, arcaica e, além de antiquada,
deficiente a tantos respeitos, todos o afirmam; que a
educação primária, em dois, três ou quatro turnos, se
reduziu a pouco mais do que nada, que são em número extremamente reduzido as escolas técnicas e bai-
xou o nível do ensino secundário, ninguém o contesta;
que se agravaram desmedidamente os problemas de
edificações e instalações escolares, é outra afirmação
que caiu no domínio comum e já não precisa, por sua
evidência, nem de pesquisas para pô-la à prova dos
fatos nem do reforço de pareceres de autoridades na

matéria. O professorado de ensino primário (e mesmo o do grau médio), além de, geralmente, mal preparado, quer sob o aspecto cultural quer do ponto de vista pedagógico, é constituído, na sua maioria, por leigos (2/3 ou 3/4 conforme os Estados); não tem salário condizente com a alta responsabilidade de seu papel social nem dispõe de quaisquer meios para a revisão periódica de seus conhecimentos. Com a proliferação desordenada, sem planejamento e sem critério algum (a não ser o eleitoral), de escolas superiores e, particularmente, de Faculdades de Filosofia, já se podem calcular as ameaças que pesam sobre esse nível de ensino, outrora com as poucas escolas tradicionais que o constituíam, e apesar de suas deficiências, um dos raros motivos de desvanecimento da educação nacional. Se se considerar ainda que ultrapassa de 50% da população geral o número de analfabetos no país e que, de uma população em idade escolar (isto é, de 7 a 14 anos) de 12 milhões de crianças, não frequentam escola senão menos da metade ou, mais precisamente, 5.775.246, nada será preciso acrescentar, pois já se terá, com isso, um quadro sombrio demais para lhe carregarmos as cores e desolador demais para nos determos na indagação melancólica de outros fatos e detalhes.

Mas fabricar com todos esses ingredientes opinião contra a educação pública, como se ela, a vítima, fosse responsável pelo abandono a que a relegaram os governos, é realmente de pasmar. Pois as causas da lamentável situação a que se degradou, por um processo de desintegração de que somente agora se dão conta os seus detratores, saltam aos olhos de qualquer cidadão esclarecido e disposto a refletir um pouco sobre os fatos. Na impossibilidade de alongar-nos na análise de cada uma delas, bastará apontá-las. O rápido crescimento demográfico, nestes últimos trinta anos; o processo de industrialização e urbanização que se desenvolve num ritmo e com intensidade variáveis de uma para outra região; as mudanças econômicas e sócio-culturais que se produziram, em conseqüência, são alguns dos fatores que determinaram esse desequilíbrio e desajustamento entre o sistema de educação e as modificações surgidas na estrutura demográfica e industrial do país. Processou-se o crescimento espontâneo da educação, pela própria forma das cousas, e tanto mais desordenadamente quanto, em vez de se ampliar, se reduziu a ação coordenadora do poder público, federal e estadual, que não se depuseram também a dominar e a canalizar as força sociais e políticas libertadas pelas mudanças que se operaram na estrutura econômica e industrial. A extraordinária expansão quantitativa, provocando um rebaixamento de nível ou qualidade do ensino de todos os graus; a extrema deficiência de recursos aplicados à educação (e, como já escreveu um de nós, "não há educação barata como não há guerra barata"); o excesso de centralização; o desinteresse ou, conforme os casos, a intervenção tantas vezes perturbadora da política; a falta de espírito público, o diletantismo e a improvisação conjugaram-se, nesse complexo de fatores, para criarem a situação a que resvalou a educação pública no país. Freqüentemente, também no plano educacional, "os que não deviam ter a incumbência de nada (para lembrar a frase de Sieyès), encarregaram-se obstinadamente de tudo"; e os políticos, em vez de "marcharem à frente dos acontecimentos, como um general à frente de suas tropas", conforme aconselhava Demóstenes; em vez de "determinarem antecipadamente as medidas capazes de provocar o acontecimento", esperaram, infelizmente, "pelos acontecimentos para assentarem as medidas a serem adotadas".

Não foi, portanto, o sistema de ensino público que falhou, mas os que deviam prever-lhe a expansão, aumentar-lhe o número de escolas na medida das necessidades e segundo planos racionais, prover às suas instalações, preparar-lhe cada vez mais solidamente o professorado e aparelhá-lo dos recursos indispensáveis ao desenvolvimento de suas múltiplas atividades.

As aperturas financeiras em que sempre se debateu o conjunto educacional, na variedade de suas instituições, não podiam deixar de poderosamente contribuir para embaraçar, retardar senão tolher os seus progressos. Mas este não é mais do que um dos graves aspectos da questão. Problemas como esses, eminentemente técnicos, enredam-se, por um lado, no plano administrativo, de dificuldades inextricáveis para quem não possa aspirar aos foros de coisa alguma em matéria de ensino e não tenha adquirido, no estudo e na prática diuturna, conhecimentos especiais e experiência na administração. Não é possível, por outro lado, pretender resolvê-los ou pô-los em via de solução enquanto não se difundir na opinião pública e nas assembléias políticas ou não se lhes incutir na maioria a consciência da importância primordial, da complexidade dos problemas de educação e da irreparabilidade de suas conseqüências. Para responder ao terrível desafio que nos lançam as sociedades modernas, numa fase crítica de reconstrução e de mudanças radicais, o de que necessitaria o país, antes de tudo, é de governos e de câmaras legislativas que se preocupassem em maior medida com a política a longo prazo e cada vez menos com interesses partidários e locais. Não se trata, pois, agora de apurar responsabilidades que afinal se repartem, em graus diferentes, por todos os setores da vida social, mas de fazer uma oração perante o povo e, particularmente, perante a mocidade, — uma oração em que o mea culpa preceda o sursum corda, o ato de contrição ao ato de esperança.

DEVERES PARA COM AS NOVAS GERAÇÕES

Precisamos convencer-nos, uma vez por todas, que o futuro do Brasil não está na sobra dos conluios nem no tumulto das assembléias, mas no milagre eterno da sua juventude, nas mãos de nossos filhos. Ele brilha, sobretudo, na profundeza de sua alma, na claridade de seu espírito, no ímpeto de seu idealismo, na chama de seu olhar, — a aurora dos tempos modernos. Ela representa, para cada nação, e em cada geração que surge, uma fonte inesgotável de energias, das quais a maior parte inexploradas, entre nós, e as que são trabalhadas pelo esforço do homem, criminosamente desperdiçadas. Não ignoramos a que ponto a juventude atual, em cuja educação se deveria concentrar o máximo de nossos esforços, sem deixar fora das influências educativas nenhuma fração dela, se deixa seduzir pela idéia de liberdade, pela consciência do seu direito à educação e pelo sentimento de revolta contra a falta de escolas e o abandono a que se relegaram as existentes, — escolas não para todos mas para privilegiados na massa enorme da população em idade de frequentá-las. Não é como um favor, mas como um direito que ela exige a educação com altivez e tantas vezes com energia e veemência. Nenhum sacrifício, no entanto, se tem feito pela nossa mocidade e nenhum governo ainda elevou ao primeiro plano de suas cogitações esse problema fundamental. Que o país pelos seus órgãos competentes não tenha cumprido os seus deveres para com as novas gerações, sistematicamente esquecidas e entregues, em grande parte, à sua própria sorte, não há sombra de dúvida. Os fatos aí estão para atestá-lo com uma evidência agressiva. Nós mesmos, os que mais por elas temos lutado e exaustivamente temos cuidado dessa questão em vidas inteiras dedicadas ao seu estudo e às suas soluções, não temos escapado, da parte dos que só agora despertaram, estremunhados, para discuti-Ia, às suas críticas e acusações. Cremos, porém, que não temos traído, em momento algum, à nossa missão e não nos cabe a mínima responsabilidade no estado, desolador e inquietante, a que chegou a educação no Brasil. Dos educadores que assinaram o Manifesto de 32 e este também subscrevem, apoiados nos da nova geração, nenhum, de fato, teve nas mãos, com autoridade ministerial, o poder e os instrumentos para uma ação de larga envergadura e, quando deles um ou outro dispôs por períodos curtos e para uma obra de âmbito nacional ou circunscrita a esse ou aquele Estado, foi sem desfalecimentos e sob a inspiração dos mesmos ideais que se empenharam em reformas profundas e em realizações que ficaram. No entanto, não desejamos de forma alguma, também, nós, esquivar-nos à confissão pública de culpa, onde porventura a tenhamos tido, por ato, negligência ou omissão.

O MANIFESTO DE 32 E O PROJETO DE DIRETRIZES E BASES

É nesse mesmo Manifesto, tantas vezes incompreendido e mal interpretado, que foi lançada a idéia que se procura agora concretizar no projeto de lei de Diretrizes e Bases da educação nacional, em discussão na Câmara de Deputados. Vale a pena de desenterrar os fatos mais significativos dessa pequena história que já tem pouco mais de um quarto de século e é afinal um dos episódios do próprio movimento de reconstrução educacional de que tiveram alguns de nós a iniciativa e por que vimos lutando sem descanso, entre incompreensões e hostilidades. Mas, antes de irmos aos fatos, é do maior interesse lembrar um dos trechos desse documento, referentes à matéria. "A organização da educação sobre a base e os princípios fixados pelo Estado, no espírito da verdadeira comunidade popular e no cuidado da unidade nacional, não implica um centralismo estéril e odioso, ao qual se opõem as condições geográficas e sócio-culturais do país e a necessidade de adaptação da escola aos interesses e às exigências regionais. Unidade não significa uniformidade. A unidade pressupõe diversidade. Por menos que pareça à primeira vista, não é, pois, na centralização mas na aplicação da doutrina federativa e descentralizadora que temos de buscar o meio de levar a cabo, em toda a república, uma obra metódica e coordenada, de acordo com um plano comum, de grande eficácia, tanto em intensidade quanto em extensão. Ao Distrito Federal e aos Estados, nos seus respectivos territórios, é que deve competir a educação em todos os graus, dentro dos princípios gerais fixados na nova Constituição que deve conter, com a definição de atribuições e deveres, os fundamentos da educação nacional. Ao governo central, pelo Ministério da Educação, caberá vigiar sobre a obediência a esses princípios, fazendo seguir as orientações e os rumos gerais estabelecidos na Carta Constitucional e em leis ordinárias, socorrendo onde haja deficiência de meios, facilitando o intercâmbio pedagógico e cultural dos Estados e intensificando por todas as formas as suas relações espirituais". O texto é claro e positivo, e é dele, como do programa da política educacional extraído do Manifesto, que provieram os textos respectivos de duas Constituições, na elaboração dos quais participaram alguns de seus signatários.

Em defesa da idéia sustentada nesse documento e mais claramente definida no número I, letra b do programa educacional que dele se extraiu, saíram a campo os educadores e escritores que o subscreveram. Na 5a Conferência Nacional de Educação que se reuniu em Niterói em janeiro de 1933, retomamos a questão nos termos em que a colocamos no Manifesto. Foi dos debates travados sobre o assunto em comissão especial e, a seguir, no plenário, que saiu o primeiro anteprojeto, traçado em suas grandes linhas, das diretrizes e bases da educação, de acordo com o referido Manifesto. A Constituição de 1934 acolhera a idéia num dispositivo constitucional, depois de entendimentos com um grupo de Deputados à Assembléia Constituinte, promovidos pela Associação Brasileira de Educação que, teve parte realmente importante nesse trabalho. A Carta Constitucional outorgada em 10 de novembro de 1937 o suprimiu, em conformidade com as idéias centralizadoras que voltaram a dominar, ao ser instaurado no país o Estado autoritário. Restaurado o regime democrático, a Constituição de 1946 restabeleceu a disposição que consagra o princípio de des-

centralização e manda proceder, por lei complemen-
tar, à fixação das diretrizes e bases da educação nacional. No governo do marechal Eurico Dutra, o ministro
Clemente Mariani constituiu em 1947 uma Comissão
de 15 professores, por ele escolhidos e designados,
para elaborarem o projeto de lei que, aprovado pelo
Ministro que de perto acompanhou esses trabalhos
com alta compreensão dos problemas educacionais e
uma firmeza e dedicação exemplares, e encaminha-
do ao Presidente da República, foi por este submetido
em 1947 à apreciação da Câmara de Deputados.

Está claro que, decorrido mais de um decênio de
sua elaboração, o projeto primitivo deveria ser reexa-
minado, — e efetivamente o foi com alto critério pela
Comissão de Educação e Cultura da Câmara, para o
melhorar e ajustá-lo às condições atuais. As modificações que comportava, foram introduzidas sem lhe
desfigurarem a estrutura e, particularmente, — o que
prevalece a tudo, — sem o desviarem dos dispositivos
constitucionais e dos princípios que os inspiram.

A ESCOLA PÚBLICA EM ACUSAÇÃO

Quando, porém, o Congresso se dispunha a iniciar
a discussão desse projeto de lei que ali passara por
um dilatado período de hibernação, desencadeia-se

inesperadamente uma ofensiva contra a escola pública, em nome da liberdade de ensino. Não precisamos olhar de perto demais essa estranha concepção de liberdade, defendida em documento público que tem tido ampla divulgação. Receiamos muito que ela não suporte bem a análise, em todas as suas implicações econômicas, religiosas e políticas. Todavia, cremos entender bem o que querem dizer; e um manifesto de educadores não poderá esquivar-se a atacar de frente as questões que envolve e é preciso distinguir e destacar, para esclarecer a nossa posição, ainda que nos custe essa sinceridade dissabores e incompreensões. A luta que se abriu, em nosso país, entre os partidários da escola pública e os da escola particular, é, no fundo, a mesma que se travou e recrudesce ora nesse, ora naquele país, entre a escola religiosa (ou o ensino confessional), de um lado, e a escola leiga (ou o ensino leigo), de outro lado. Esse, o aspecto religioso que temos o intuito de apenas apontar como um fato histórico que está nas origens da questão, e sem a mais leve sombra de desrespeito aos sentimentos que somos os primeiros a reverenciar, da maioria do povo brasileiro. Ela disfarça-se com freqüência, quando não se apresenta abertamente, sob o aspecto de conflito entre a escola livre (digamos francamente, a educação confessional) e a escola pública ou, para sermos mais claros, o ensino leigo, a cujo desenvolvimento sempre esteve històricamente ligado o progresso da educação pública. Mas, continuando a decomposição do problema em seus elementos principais, implica essa campanha contra a escola pública, se não é um dos fatores que a desencadearam um aspecto econômico: é praticamente uma larga ofensiva para obter maiores recursos do Estado, do qual se reclama, não aumentar cada vez mais os meios de que necessita o ensino público, mas dessangrá-lo para sustentar, com o esgotamento das escolas que mantêm, as de iniciativa privada. O grave documento a que acima nos referimos, "apresenta, de fato, como suas linhas mestras (nas palavras, insuspeitas e autorizadas, d'*O Estado de S. Paulo*) estes três princípios fundamentais: 1) o ensino será ministrado sobretudo pelas entidades privadas e, supletivamen- te, pelo poder público; 2) o ensino particular não será fiscalizado pelo Estado; 3) o Estado subvencionará as escolas privadas, a fim de que estas possam igualar os vencimentos dos seus professores aos dos professores oficiais. É, como se vê (conclui o grande diário), a instituição no Brasil, do reinado do ensino livre: livre da fiscalização do Estado, mas remunerado pelos cofres públicos"...

O aspecto político de que se procura enredá-la, é outro não menos importante dessa questão, complexa demais para não termos o cuidado de a desemaranhar, restabelecendo-a em seus dados históricos e suas possíveis implicações atuais. A direita apóia, em geral, a escola livre, e a esquerda, a escola pública, e, por ter sido freqüentemente assim, a tendência é de deslocar uma questão que se devia pôr em termos de interesse geral e acima de partidos, para o terreno de uma luta religiosa, devido às suas implicações confessionais, — o que é preciso evitar por todas as formas, — ou de uma luta entre grupos políticos, igualmente prejudicial ao debate do problema que temos o dever de examinar em face da Constituição Federal e conforme os princípios que regem as instituições democráticas. Pois, em primeiro lugar, já por várias vezes direita e esquerda se aliaram na defesa da escola pública e, em segundo lugar, não falamos em nome de partidos, mas sob a inspiração e em defesa daqueles princípios. Em matéria religiosa, somos pela liberdade de culto e de crenças e erguemo-nos, com o Père J. Henri Didon, dominicano e notável orador sacro, contra todos aqueles que "querem fazer da religião um instrumento da política (instrurnentum regni)" e contra todos aqueles que "querem fazer da política um instrumento da religião". Eu tenho a observar (escreveu o grande dominicano) "que nada na fé católica, nada na autoridade eclesiástica se opõe a uma opinião liberal, republicana, democrática. Chegou a hora talvez em que o Catolicismo deve demonstrar por fatos públicos que sua larga idéia de universalidade não é uma palavra vã e que há nele lugar para todas as opiniões políticas desde que elas respeitem a verdade, a justiça e a virtude." Ora, somos todos os que assinamos esse Manifesto, educadores republicanos e democráticos, fiéis aos mais altos valores da tradição liberal. E, quando se trata de problemas como os da educação, entendemos que essa é "uma das questões em cujo terreno (as palavras são de Rui Barbosa) são intrusas as paixões políticas, questão a que devemos todos concorrer com a consciência limpa de antagonismos pessoais e de que se deve banir o gênio da agitação, como mau companheiro da ciência e, nestes domínios, perigoso inimigo da verdade".

VIOLENTAS REAÇÕES A ESSA POLÍTICA EDUCACIONAL EM OUTROS PAÍSES

Essa política educacional, armada em nome de uma "liberdade total" no ensino, já foi proposta na Itália, em 1947, e, ainda este ano, voltou a agitar os meios escolares na França, em que os partidários da escola livre, no grande Congresso que se reuniu em Caen, reabriram a questão. No documento que aqui pretendeu consagrá- la, não há, pois, nenhuma invenção nova, nenhuma nova ideia. O programa que apresenta, nada tem de revolucionário. É velho e revelho no estrangeiro e em nosso próprio país. Em 1947, na Itália, quando se discutia o projeto da Constituição (lembrava *O Estado de S. Paulo* em uma de suas excelentes notas, já citada), as bancadas mais próximas da Santa Sé propuseram que à nova Carta se incorporasse o pacto de Latrão, convencionado em 1929 entre o Vaticano e Mussolini. No tocante ao ensino, isto equivalia a uma política educacional idêntica à que foi sugerida para o Brasil, - ensino livre não fiscalizado, mas subvencionado pela Nação. Uma onda de protestos ergueu-se em todo o país, encabeçada pelas mais altas figuras da intelectualidade peninsular. Benedetto Croce que foi dos mais ativos no combate, escreveu: "será a nossa renúncia às grandes conquistas do século dezenove (...). A despeito do clamor dos intelectuais, a proposta passou. Mas a vitória foi aparente, e não real. A mesma Constituição que no art. 7° adotou o pacto de Latrão, inscreveu depois, em dois tópicos do art. 33, dispositivos que limitam as prescrições daquele pacto. Um deles assegura "às entidades e aos particulares" o direito de manter escolas e institutos de educação, mas "sem ônus para o Estado", e o outro estabelece o exame de Estado para a admissão às várias ordens e graus de ensino, para a conclusão dos cursos e para a habilitação ao exercício profissional. A Itália, portanto, não parece ter renunciado às conquistas do século XIX, tanto que Guido Gonella, Ministro da Instrução Pública, em 1950, pôde escrever, a respeito das relações entre o Estado e a educação, que das três posições admissíveis, — a de monopólio, a de liberdade total e a de liberdade disciplinada, fôra escolhida esta última: "na solução que poderemos chamar orgânica, isto é, de liberdade disciplinada pelo Estado, as entidades e os particulares têm o direito de criar escolas, mas dentro do quadro das normas gerais fixadas pelo Estado, ao qual compete o poder de intervir, em defesa do bem comum, na atribuição dos títulos escolares legalmente válidos para a vida social. A nossa Constituição (concluiu o Ministro), — com o instituto da equivalência e do exame do Estado — prevê exatamente essa terceira solução".

A batalha que se travou na Itália há pouco mais de dez anos entre os partidários da liberdade total e os da liberdade disciplinada, entre os do ensino livre e os do ensino público, com a vitória afinal destes, já se anunciou na França com um ímpeto inicial que prometia graves conflitos e parece ter-se esmorecido. "O governo sentiu perfeitamente o perigo" diante das forças contrárias que ràpidamente se mobilizaram e se dispunham para a luta. "Os partidários da escola livre (observa Gilles Lapouge, em nota para *O Estado de S. Paulo*, e o confirma o semanário *L'Express*, de Paris) tinham a impressão de que o espírito laico estava regredindo na França e, por isso, não seria muito grande a resistência dos partidários da escola pública. Foi esse, sem dúvida, o seu erro, pois, imediatamente o outro campo mobilizou, como por encanto, suas forças e lançou no país uma contra-ofensiva extremamente severa". Ela representa uma violenta reação contra a perigosa tentativa de se renegar, na França, ainda que temporariamente, uma dessas "grandes conquistas do século XIX", a que se referia Benedetto Croce, e que é a escola pública. Se se considerarem a campanha que teve de sustentar Jules Ferry quando, Ministro da Instrução Pública de 1879 a 1882, empreendeu a reforma de legislação de ensino, e a agitação considerável que levantaram então suas propostas, provocando o choque entre os partidários do ensino religioso e os defensores da instrução leiga, poder-se-á avaliar, em toda a sua extensão e gravidade, a oposição que já suscitou, com a recrudescência da crise que traz no bojo, a nova ofensiva contra a escola pública nesse país. Pois, há perto de oitenta anos, por iniciativa de Jules Ferry, com quatro projetos de lei, em que se encontravam ali disposições extremamente duras, é que

se tornaram as funções pedagógicas independentes
do exercício do culto, se estabeleceram a obrigatoriedade e a gratuidade do ensino primário e se assegurou
a restituição da colação dos graus do Estado.

AS DUAS EXPERIÊNCIAS BRASILEIRAS
DE "LIBERDADE DE ENSINO"

Também entre nós o mesmo regime de liberdade
total já foi não só proposto mas experimentado e com
tal insucesso que o governo teve de recuar logo do
caminho em que se aventurou, — o que veio mostrar
mais uma vez como são falíveis as soluções extremas.
A "novidade" inventara-se então para uso do Brasil e
em condições muito diferentes daquelas em que agora se repete: sociedade mais estável, fundada na economia rural, de organização patrimonialista e pouco
diferenciada nos seus quadros, — naquela época;
sociedade, hoje, baseada na economia industrial, de
estrutura complexa, cada vez mais diversificada sob
a ação dinâmica do processo de industrialização e,
urbanização. Aparelhamento escolar, ainda muito
simples e medíocre, então, constituído de dois sistemas superpostos e desarticulados: o popular (ensino
primário, normal e o de ofícios), cujas bases apenas
se começava a lançar; e o de formação de elites, pelas

escolas secundárias e superiores, de número restrito; conjunto educacional de estrutura de todos os graus e tipos e em face crítica de crescimento e reorganização. Pois bem, "as duas experiências brasileiras de "liberdade de ensino" (observa com toda razão *O Estado de S. Paulo* em nota já por duas vezes citada) foram profundamente nefastas para a educação da juventude e só contribuíram para desmoralizar ainda mais o ensino do país. Cada uma delas teve fisionomia particular. A de 1879, do Ministro Leôncio de Carvalho abusou demagògicamente da expressão "ensino livre", a fim de captar o apoio da mocidade acadêmica que naquela época constituía uma verdadeira potência. O que vigorou, da decantada reforma, foi a dispensada, dada aos alunos, de assistir às aulas, e a proibição, imposta aos professores, de chamar os alunos à lição. Ficaram desertas as Academias; ninguém mais estudou; formaram-se, às dezenas, bacharéis e médicos "elétricos", até que a própria Câmara Federal, em 1895, impressionada com a iminência do "naufrágio do ensino superior brasileiro", reagisse para repor as coisas nos devidos lugares. A outra experiência ocorreu no quatriênio Hermes da Fonseca mediante a reforma Rivadávia que arrastou o Estado (como pretende o substitutivo de agora) para o caminho da abstenção e que (também como o substitutivo) instituiu a liberdade sem controle e a ampla autonomia dos institutos oficiais. Foi uma catástrofe sob todos os aspectos, inclusive o moral, como o demonstrou, em corajoso relatório, o Ministro Carlos Maximiliano. Tudo isso (conclui *O Estado de S. Paulo*) nos leva a encarar com grande apreensão a ameaça dessa terceira experiência, muito mais perigosa que as anteriores, porque envolve também os combatidos recursos financeiros do país".

EM FACE DA CONSTITUIÇÃO, JÁ NÃO HÁ DIREITO DE ESCOLHA

Supondo, pois, gravitar para a liberdade, os projetos que querem instaurá-la sem limitações, gravitam mas é para a desordem e a anarquia na educação. Pretendendo subtrair ao Estado os deveres que a Constituição lhe atribuiu, e que alcançam é largar o ensino a toda espécie de influências de grupos de pressão, divergentes e contraditórias. Mas a verdade é que entre as três posições que se podem tomar em face do problema, — a do monopólio do Estado, a de liberdade total e a de liberdade disciplinada, não nos resta mais o direito de escolha: a Constituição Federal já a adotou, em termos positivos. O documento a que aludimos, inverte totalmente esses termos; o que é principal (ensino público) na Carta Constitucional, passa a ser, nele, supletivo, e o que supre, completa ou substitui, isto é, a iniciativa privada, toma o lugar às funções ou ao papel que ao Estado atribuiu. Senão vejamos os dispositivos constitucionais e demos a palavra a quem tem autoridade para proferi- la, quando se trata de questão de direito, — a um jurista, seja, por exemplo, o dr. Jayme Junqueira Ayres que os aponta com admirável lucidez em parecer sobre a matéria. "Um dos princípios firmemente assentes na Constituição Brasileira é o de que "o ensino dos diferentes ramos será ministrado pelos poderes públicos, e é livre a iniciativa particular, respeitadas as leis que o regulem (Art. 167)". Não caberá aqui (pondera o ilustre jurista) relembrar que este princípio é uma conquista da idade moderna e contemporânea: corre ao poder público o dever de ministrar a educação popular. O que sobretudo cumpre e importa, é observá-lo mais do que louvá-lo. E cumpre, por igual, observar o da liberdade à iniciativa particular, de ministrá-la, respeitadas as leis respectivas". E acrescenta, em outra passagem, com sua reconhecida autoridade: "Muito importa, pois, o que está escrito no art. 171: "Os Estados e o Distrito Federal organizarão os seus sistemas de ensino". Com o dispositivo acima ou sem ele, tal poder seria igualmente dos Estados. Mas o fito da Constituição, no caso, não foi só o de reconhecer um direito, mas sim de incumbir um dever. Daí, a ênfase. É não só franquia, mas ônus ou obrigação de cada Estado organizar o seu sistema de ensino. Cada Estado deve ter seu sistema local, e dele não pode demitir-se. E nenhuma ênfase se dirá mais justa e necessária do que esta que proclama a indemissibilidade dos Estados de seu dever de "ministrar" ensino ao povo brasileiro. Tão decididamente interessada está a Constituição em que os Estados mantenham e desenvolvam seus sistemas como principais que ao sistema particular da União deu o caráter supletivo, destinado a suprir as deficiências locais, e obrigou a União a cooperar pecuniàriamente para o desenvolvimento daqueles sistemas estaduais".

A EDUCAÇÃO — MONOPÓLIO DO ESTADO?

A vista dos termos da Constituição de 1946 e do projeto n.º 2.222-B/57, que fixa as Diretrizes e Bases da Educação Nacional, quem poderá afirmar a sério que o que consagrou aquela e este estabeleceu, tenha importado ou importe em erigir em monopólio do Estado a educação nacional? O parecer em que se procurou discriminar o que é constitucional do que não o é, e se recorda que "corre ao poder público o dever de ministrar a educação" e que a escola pública é uma conquista da idade moderna, poderá porventura ser suspeitado, quando interpreta a rigor os dispositivos constitucionais, de pretender transferir para o Estado a exclusividade monopolizaste da educação? Onde a prova em defesa da tese reacionária de que o Estado coage os pais e a liberdade de pensamento e de escolha das instituições em que prefiram educar os filhos, quando e só porque fornece o ensino público? E, quanto a nós, quem nos ouviu advogar a causa da educação como privilégio exclusivo do Estado e, portanto, a supressão às entidades privadas da liberdade de abrir escolas de quaisquer tipos e graus, respeitadas as leis que regulam e tem, no interesse comum, de regular a matéria? Quem nos encontrou, em alguma trincheira, pugnando pelo monopólio do Estado ou nos pode acusar de, em qualquer escrito ou de viva voz, ter procurado impor ou mesmo indicar à mocidade escolar ideologia desse ou daquele partido, como política estatal da educação? Porque não nos dispomos a fanfarrear nas festas do ensino livre, nessa orgia de tentativas e erros a que resvalaria a educação no país, não se segue nem se há de concluir que pregamos o monopólio do Estado. Pela liberdade disciplinada, é que somos. Monopólio só existiria quando a educação funcionasse como instrumento político e ideológico do Estado, como um instrumento de dominação. Que não existe ele entre nós, estão aí por prova a legislação do ensino que abre à iniciativa privada amplas possibilidades de exploração de quaisquer domínios da atividade educacional, e o número crescente de escolas particulares de todos os graus e tipos que por aí se fundaram e funcionam, não sob o olho inquisidor e implacável do Estado, mas com uma indulgência excessiva dos poderes públicos em face de deficiências de toda ordem e de ambições de lucro, a que, salvo não poucas e honrosas exceções, devem tantas instituições privadas de ensino secundário a pecha de "balcões de comércio", como as batizou Fernando de Magalhães há mais de vinte e cinco anos, numa crítica severa de nosso sistema educacional.

Se, na esfera do ensino fundamental comum, certamente menos lucrativo, dos 5.775.246 alunos matriculados, não frequentam escolas particulares senão 720.746 (e, por isso mesmo, pela preponderância da escola pública, o que temos de melhor, apesar de todas as suas deficiências, é o ensino primário), atinge a 80% o ensino secundário entregue a particulares, — e daí exatamente decorre toda a grave crise em que se debate esse grau de ensino no país. Onde, pois, como se vê, cumpriu o Estado com mais zelo os deveres que lhe impôs a Constituição, progrediu o ensino, — é a parte referente à educação fundamental e superior; e onde dele se descuidou, descarregando suas obrigações às costas de entidades privadas, como no caso do ensino secundário, é o que de pior se exertou no sistema geral de educação. O dia em que esse grau de ensino (o "secundário", que passou a sê-lo no sentido pejorativo da palavra) tiver dos poderes públicos a atenção que requer, e se inverter, em consequência, pela expansão do ensino público, a referida porcentagem, alcançando o Estado mais 40 ou 60% dos 80 que cabem agora a instituições particulares, o ensino de nível médio, na diversidade de seus tipos de escolas (sobretudo secundárias e normais), tornará o impulso que adquiriu o ensino primário, com todas as suas deficiências de escolas e instalações, e entrará numa fase de reconstrução e de progressos reais. A educação pública, por toda a parte, está sujeita a crises periódicas, mais ou menos graves, e a bruscos e passageiros eclipses. Ela atravessa, entre nós, agora, por causas conhecidas e outras por investigar, uma dessas fases atribuladas. O que se propõe, porém, para superar a crise que a aflige e tende a agravar-se, segundo todos os indícios, não são providências para resolvê-la, mas uma liberdade sem praias em que acabará por submergir toda a organização de ensino público que, desde os começos da república, se vem lentamente

construindo e reconstruindo, peça por peça, através
de dificuldades imensas.

PELA EDUCAÇÃO LIBERAL E DEMOCRÁTICA

Essa nova investida que irrompeu contra a interferência do Estado em matéria de ensino, e com ares de
reação contra um suposto monopólio, parece ignorar
que a educação pública, — grande conquista da democracia liberal no século XIX, já adquiriu tal prestígio e solidez em todos os países e, entre nós mesmos,
com mais de um século de tradição, que, se for desmantelada, será para ressurgir mais cedo mais tarde,
com maior forma de expansão. De fato, (permitam
-nos recorrer, ainda uma vez, à mesma e importante
nota de *O Estado de S. Paulo*), "foi no decurso do referido século que o Estado moderno veio chamando
a si, progressivamente, a iniciativa de criar e manter
escolas de todos os graus e, principalmente, de estender de ano em ano a rede escolar primária, destinada
a formar, ainda que de modo incipiente, o cidadão
das comunidades nacionais, — comunidades que se
expandiam e se diversificavam em todos os sentidos e
que, por isso mesmo, precisavam apoiar-se sobre uma
base afetiva e cultural comum, se quisessem viver em
paz e governar-se democràticamente". Toda a história

do ensino nos tempos modernos é a história de sua inversão em serviço público. É que a educação pública é a única que se compadece com o espírito e as instituições democráticas, cujos progressos acompanha e reflete, e que ela concorre, por sua vez, para fortalecer e alargar com seu próprio desenvolvimento. Não há outro meio de subtrair a educação aos antagonismos e conflitos de grupos de pressão que tendem a arrastá-la dessa para aquela ideologia, desses para aqueles interesses, que eles representam. A escola pública, cujas portas por ser escola gratuita, se franqueiam a todos sem distinção de classes, de situações, de raças e de crenças, é, por definição, contrária e a única que está em condições de se subtrair a imposições de qualquer pensamento sectário, político ou religioso. A democratização progressiva de nossa sociedade (e com que dificuldades se processa ao longo da história republicana) exige, pois, não a abolição, — o que seria um desatino, — mas o aperfeiçoamento e a transformação constante de nosso sistema de ensino público. A escola e, particularmente, a escola pública estende e tende a estender cada vez mais, queiram ou não queiram, o seu campo de ação na medida em que a família retrai o seu, por suas novas condições de vida e por ser o ensino cada vez mais especializado, e em que a sociedade se diferencia e se complica, na sua estrutura, com o desenvolvimento do processo de urbanização e industrialização.

Mas a educação pública por que nos batemos, ontem como hoje, é a educação fundada em princípios e sob a inspiração de ideais democráticos. A idéia da educação pública, — conquista irreversível das sociedades modernas; a de uma educação liberal e democrática, e a de educação para o trabalho e o desenvolvimento econômico e, portanto, para o progresso das ciências e da técnica que residem à base da civilização industrial, são três teses fundamentais defendidas por educadores progressistas do mundo inteiro. A educação tornou-se uma função ou caiu "sob a ingerência e direção do público", pela extensão, gravidade de suas consequências e sua qualidade de irreparáveis; e ao Estado que tem um papel social de assimilação, que estabelece "a solidariedade entre as diversas partes da comunidade nacional, as associa a uma vida comum, solda a dependência entre as gerações", nas palavras ele Félix Pécaut, compete, promovendo a educação pública, promover a convergência e a harmonia dos esforços humanos lá onde aqueles que olham de baixo não vêm senão luta e competição de grupos. A escola pública concorre para desenvolver a consciência nacional: ela é um dos mais poderosos fatores de assimilação como também de desenvolvimento das instituições democráticas. Entendemos, por isso, que a educação deve ser universal, isto é, tem de ser organizada e ampliada de maneira que seja possível ministrá-la a todos sem distinções de qualquer ordem; obrigatória e gratuita em todos os graus; integral, no sentido de que, destinando-se a contribuir para a formação da personalidade da criança, do adolescente e do jovem, deve assegurar a todos o maior desenvolvimento de suas capacidades físicas, morais, intelectuais e artísticas. Fundada no espírito de liberdade e no respeito da pessoa humana, procurará por todas as formas criar na escola as condições de uma disciplina consciente, despertar e fortalecer o amor à pátria, o sentimento democrático, a consciência de responsabilidade profissional e cívica, a amizade e, a união entre os povos. A formação de homens harmoniosamente desenvolvidos, que sejam de seu país e de seu tempo, capazes e empreendedores, aptos a servir no campo que escolherem, das atividades humanas, será, num vasto plano de educação democrática, o cuidado comum, metódico e pertinaz, da família, da escola e da sociedade, todo o conjunto de suas instituições.

EDUCAÇÃO PARA O TRABALHO E O DESENVOLVIMENTO ECONÔMICO

Não ignoramos que a nação é uma "realidade moral"; mas, se a educação não pode, por isso mesmo, desconhecer nenhum dos aspectos morais, espirituais e religiosos dessa realidade, rica de tradições e lembranças históricas, ela deve igualmente fazer apelo a todas as forças criadoras para pô-las a serviço dos interesses coletivos do povo e da cultura nacional. A educação pública tem de ser, pois, reestruturada para contribuir também, como lhe compete, para o progresso científico e técnico, para o trabalho produtivo e o desenvolvimento econômico. A reivindicação universal da melhoria das condições de vida, com todas as suas implicações econômicas, sociais e políticas, não pode permanecer insensível ou mais ou menos indiferentes a educação de todos os graus. Se nesse ou naquele setor, como o ensino de grau médio e, especialmente, o técnico, a precária situação em que ainda se encontra a educação, está ligada ao estágio de desenvolvimento econômico e industrial, ou, por outras palavras, se deste dependem os seus progressos, é legítimo indagar em que sentido e medida a educação, em geral, e em particular, a preparação científica e técnica pode ou deve concorrer para a emancipação econômica do país. Os povos vêm demonstrando que "o seu poder e sua riqueza dependem cada vez mais de sua preparação para alcançá-los ". Não há um que desconheça e não proclame a importância e a eficácia do papel da educação, restaurada em bases novas, na revisão de valores e de mentalidade, na criação de novos estilos de vida, como na participação do próprio progresso material. Se insistimos neste ponto e lhe damos maior ênfase, não é somente pelas conclusões a que nos leva a análise da civilização atual e de suas condições especiais, como também por ser esse, exatamente, em nosso sistema de ensino, um dos aspectos mais descurados. A educação de todos os níveis deve, pois, como já se indicou em congressos internacionais, "tornar a mocidade consciente de que o trabalho é a fonte de todas as conquistas materiais e culturais de toda a sociedade humana; incutir-lhe o respeito e a estima para com o trabalho e o trabalhador e ensiná-la a utilizar de maneira ativa, para o bem estar do povo, as realizações da ciência e da técnica", que, entre nós, começaram apenas a ser socialmente consideradas como de importância capital.

A revolução industrial, de base científica e tecnológica que se expande por toda a parte, em graus variáveis de intensidade; as reivindicações econômicas ou a ascensão progressiva das massas e a luta para melhorar suas condições de vida (pois a riqueza está evidentemente mal distribuída e, como tantas vezes já se lembrou, "não devemos pensar que podemos impunemente continuar a enriquecer enquanto o resto da população empobrece"); e, finalmente, a expansão do nacionalismo pelo mundo inteiro, são fatos sumamente importantes a que não nos arriscamos a fechar os olhos, e cujas repercussões, no plano educacional, se vão tornando cada vez mais largas e profundas. O nosso aparelhamento educacional terá também de submeter-se a essas influências para ajustar-se às novas condições, e só o Estado, pela amplitude de, seus recursos e pela largueza de seu âmbito de ação, poderá fazer frente a tais problemas e dar-lhe soluções adequadas, instituindo, mantendo e ampliando cada vez mais o sistema de ensino público e estimulando, por todos os meios, as iniciativas de entidades e particulares. A inteligência racional e o espírito e métodos científicos, que não obtiveram os seus primeiros e grandes triunfos senão no século XIX, denunciam a sua difusão, por igual, nas sociedades capitalistas e socialistas, pela aplicação crescente das novas técnicas em todos os domínios, pelas crises e rupturas de organização econômica e social que provocaram, modificando profundamente os modos de vida e os estilos de pensamento. Além de intelectuais e estudiosos, cada vez mais competentes espíritos criadores, nos domínios da filosofia, das ciências, das letras e das artes, "temos que preparar (observou com razão um de nós) a grande massa de jovens para as tarefas comuns da vida, tornadas técnicas senão difíceis, pelo tipo de civilização que se desenvolveu em consequência de nosso progresso em conhecimento, e para os quadros vastos, complexos e diversificados das profissões e práticas, em que se expandiu o trabalho especializado. Mudaram, pois, os alunos, - hoje todos e não apenas alguns —; mudaram os mestres, — hoje numerosos e nem todos especialmente chamados pela paixão do saber; e mudaram os objetivos da escola, hoje práticos, variados e mais profissionais e de ciência aplicada do que de ciência pura e desinteressada". É o que mais ou menos já propugnava Rui Barbosa, no alvorecer deste século, quando mostrava a necessidade de "limitar as superabundâncias da teoria, de robustecer científica e profissionalmente, a um tempo, o ensino, saturando-o de prática, de trabalhos investigativos, de hábitos experimentais".

Para a transformação do homem e de seu universo

E aqui ferimos um ponto que é da maior importância, sobre o qual nos temos detido muitas vezes e escreveu Luis Reissig uma página excelente, em que analisa a técnica, como fator revolucionário na educação. O fato de, na apreciação desses problemas, coincidirem com frequência os pontos de vista de pensadores e educadores de países diferentes, é um dos sinais mais característicos da semelhança que apresentam, na civilização industrial, as situações concretas que ela vem criando por toda a parte e que impelem às mesmas reflexões. Antes das descobertas científicas e suas extraordinárias aplicações técnicas, que abriram o campo às três grandes revoluções industriais, "o principal papel do ensino consistia em dotar o homem de conhecimentos e instrumentos para a apropriação e uso de seu ambiente e, em seguida, para a transformação e evolução deste; mas, quando as condições de seu meio pareciam manter um recalcitrante estado de fixidez, como no caso da economia agro-pecuária, — a tendência da escola era procurar que o indivíduo se adaptasse e se submetesse ao seu ambiente, como por exemplo a adaptação à vida rural, quando esse tipo de vida aparecia em forma predominante, renunciando assim a estimular uma característica singular e valiosa do homem: a iniciativa para as mudanças. Para o homem da era tecnológica esse ensino adaptativo chega a ser pernicioso, pois o universo tem de ser para ele, cada vez mais, um campo de experiência e de renovação. A era tecnológica marca a fim do processo de ensino para a adaptação e o começo do processo de ensino para a evolução do homem e de seu universo, partindo de condições técnicas criadas exclusivamente por ele. Já não deve preocupar tanto o homem (as palavras ainda são de Reissig) o tipo do ambiente em que esteja vivendo, para ajustar a este o seu sistema de ensino, embora deva relacionar ambos, pois está em caminho de mudar radicalmente toda a classe de condições que sejam dadas. Antes havia de aceitá- las e aproveitá-las o melhor possível (...); mas agora não há nada impossível, em princípio, para o homem, no que toca à transformação das condições de seu ambiente, favoráveis ou adversos". Daí, a necessidade de uma preparação científica e técnica que habilitará as gerações novas a se servirem, com eficácia e em escala cada vez maiores, de todos os instrumentos e recursos de que as armou a civilização atual.

A HISTÓRIA NÃO AVANÇA POR ORDEM...

As profundas transformações operadas em consequência "da preponderância da economia industrial sobre as formas econômicas que a precederam", determinam, de fato, e tem de determinar, nos sistemas de ensino, grandes mudanças que permitam "ampla participação de todos os estudos e práticas, desde a escola primária completa até os mais altos níveis de estudos superiores". Já se vê, mais uma vez, que essa participação, com a amplitude que deve ter, para colher toda a população em idade escolar, não pode ser senão obra do Estado, pela escola universal, obrigatória e gratuita, e uma sucessão de esforços ininterruptos, através de longos anos, inspirados por uma firme política nacional de educação. Ela significará, na justa observação de Reissig, "a maior revolução educacional de todos os tempos, porque será a primeira expressão popular da capacidade da maioria para administrar, organizar e governar, como só até agora tem podido fazê-lo as elites". A tudo isso, como a qualquer plano de organização, em bases mais sólidas e democráticas, da educação nacional, opõem-se abertamente as forças reacionárias, e nós sabemos muito bem onde elas se encontram e quais são os seus maiores redutos de resistência. Na luta que agora se desfechou e para a qual interesses de vária ordem, ideológicos e econômicos, empurraram os grupos empenhados em sustentá-la, o que disputam afinal, em nome e sob a capa de liberdade, é a reconquista da direção ideológica da sociedade, — uma espécie de retorno à Idade Média, e os recursos do erário público para manterem instituições privadas, que, no entanto, custeadas, na hipótese, pelo Estado, mas não fiscalizadas, ainda se reservariam o direito de cobrar o ensino, até a mais desenvolta mercantilização das escolas. Serão desvios e acidentes no processo histórico de desenvolvimento da educação no país: a história, porém, não avança por ordem ou dentro de um raciocínio lógico, e o problema é antes saber através de qual das desordens, criadoras ou arruinadoras, procuraremos, chegado o momento, encaminhar a nossa ordem, que é a que a Constituição Federal estabeleceu e consulta os supremos interesses da nação. Em todo o caso, esperamos reconheçam o nosso desprendimento, desinteresse pessoal, devoção constante ao bem público e à causa do ensino. "Todos os violentos, escreveu Rui, fizeram sempre, a seu favor, o monopólio do patriotismo. Todos eles têm o privilégio tradicional de patriotas por decreto próprio e patriotas com exclusão dos que com eles não militam. Não queremos crer que o nosso ilustre impugnador esteja neste número. Mas, a não ser nas mãos do fabricante, muito receio temos de que essa máquina de filtrar se converta em máquina de oprimir". E nós, patriotas também, — mas não exclusivamente, — e educadores que nos prezamos de ser, temos não só o direito mas o dever de lutar por uma política que possa acudir "à sede incoercível de educação nas massas populares", a que já se referia Clemente Mariani, e de opor-nos a todas as medidas radicais que, sob as aparências enganadoras de liberdade, tendem forçosamente a conduzir-nos ao caminho perigoso da anarquia senão das pressões ideológicas, abertas ou dissimuladas.

Os signatários do manifesto:

Fernando de Azevedo; Julio de Mesquita Filho; Antônio Ferreira de Almeida Júnior; Anísio Spínola Teixeira; A. Carneiro Leão; José Augusto B. de Medeiros; Abgar Renault; Raul Bittencourt; Carlos Delgado de Carvalho; Joaquim de Faria Góes Filho; Arthur Moses; Hermes Lima; Armanda Álvaro Alberto; Paulo Duarte; Mário de Brito; Sérgio Buarque de Holanda; Nelson Werneck Sodré; Milton da Silva Rodrigues; Nóbrega da Cunha; Florestan Fernandes; Pedro Gouvêa Filho; A. Menezes de Oliveira; João Cruz Costa; Afrânio Coutinho; Paschoal Lemme; José de Faria Góes Sobrinho; Haiti Moussatché; J. Leite Lopes; Gabriel Fialho; Jacques Danon; Maria Laura Monsinho; Maria Yedda Linhares; Anne Danon; Roberto Cardoso Oliveira; Oracy Nogueira; Luis de Castro Faria; Amilcar Viana Martins; Branca Fialho; Euryalo Cannabrava; Thales Mello de Carvalho; Ophelia Boisson; Francisco Montojos; Joaquim Ribeiro; Darcy Ribeiro; Egon Schaden; Jaiyme Abreu; Juracy Silveira; Lídio Teixeira; Eurípedes Simões de Paula; Carlos Correia Mascaro; Renato Jardim Moreira; Azis Simão; Maria Isaura Pereira de Queiroz; Lúcia Marques Pinheiro; Armando de Campos; Laerte Ramos de Carvalho; Maria José Garcia Wereb; Fernando Henrique Cardoso; Samuel Wereb; Ruth Correia Leite Cardoso; Carlos Lyra; Joaquim Pimenta; Alice Pimenta; Maria lsolina Pinheiro; Rui Galvão de Andrada Coelho; Mário Barata; Luís Eucídio Melo Filho; Mário Travassos; José Lacerda Araújo Feio; Otacílio Cunha; Víctor Staviarski; Cesar Lattes; José Alberto de Melo; L. Laboriau; Frota Pessoa; Celso Kelly; Alvaro Kilkerry; Bayart Damaria Bolteaux; Afonso Varzea; Mário Casassanta; Luis Palmeira; Joel Martins; Fritz Delauro; Raul Rodrigues Gomes; Mecenas Dourado; Perseu Abramo; lva Weisberg; Linneu Camargo Schultzer; Alvércio Moreira Alves; Douglas Monteiro; David Perez; Moisés Brejon; Paulo Leal Ferreira; José de Almeida Barreto; Paulo Roberto de Paula e Silva; Afonso Saldanha; Jorge Leal Ferreira; Jorge Barata; A. H. Zimermann; Cesar Veiga; Diógenes Rodrigues de Oliveira; Mendonça Pinto; Silvestre Ragusa; Augusto Rodrigues; Nelson Martins; Dulce Kanitz; Paulo Maranhão; Neusa Worllo; Álvaro Palmeiro; Rubens Falcão; Otávio Dias Carneiro; Jaime Bittencourt; Geraldo Bastos Silva; Letelba Rodrigues de Brito; Joaquina Daltro; Honório Peçanha; Helena Moreira Guimarães; Ester

Botelho Orêstes; Mariana Alvim; Aldo Muylaert; Irene de Melo Carvalho; Tasso Moura; Cecília Meireles; Maria Geni Ferreira da Silva; Jorge Figueira Machado; Paulo Campos; Tarcisio Tupinambá; Baltazar Xavier; Teófilo Moisés; Gastão Gouvêa; Albino Peixoto; Dalila Quitete; Augusto de Lima Filho; Miguel Reale; Manoel de Carvalho; Wilson Martins; Milton Lourenço de Oliveira; Roberto Danemann; Silvia Bastos Tigre; Wilson Cantoni; Raul Sellis; Silvia Maurer; Gui de Holanda; Adalberto Sena; Antonio Candido de Melo e Souza; Inezil Pena Marinho; Maria Thetis; Alberto Pizarro Jacobina; Álvaro Vieira Pinto; Modesto de Abreu; Zenaide Cardoso Schultz; Celita Barcelos Rosa; lsmael França Campos; Zilda Faria Machado; Iracema França Campos; Alfredina de Souto Sales Sommer; Oto Carlos Bandeira Duarte Filho; Valdemar Marques Pires; Viriato da Costa Gomes; Niel Aquino Casses; Terezinha de Azeredo Fortes; Hugo Regis dos Reis;

9 786586 962864